揭秘契丹辽王朝（四）

契丹殇亡

刘喜民
刘浩然 著

内蒙古人民出版社

图书在版编目 (CIP) 数据

揭秘契丹辽王朝.四，契丹殇亡 / 刘喜民，刘浩然著.—呼和浩特：内蒙古人民出版社，2016.4

ISBN 978-7-204-13950-7

Ⅰ.①中… Ⅱ.①刘…②刘… Ⅲ.①中国历史—辽代—通俗读物 Ⅳ.①K246.109

中国版本图书馆 CIP 数据核字（2016）第 077357 号

揭秘契丹辽王朝（四） 契丹殇亡

作　　者	刘喜民　刘浩然	
责任编辑	马燕茹　王　静　李向东	
封面设计	刘那日苏	
责任校对	郭婧赟	
责任印制	王丽燕	
出版发行	内蒙古人民出版社	
地　　址	呼和浩特市新城区中山东路 8 号波士名人国际 B 座	
网　　址	http://www.nmgrmcbs.com	
印　　刷	内蒙古爱信达教育印务有限责任公司	
开　　本	710mm×1000mm 1/16	
印　　张	17.5	
字　　数	180 千	
版　　次	2017 年 1 月第 1 版	
印　　次	2017 年 1 月第 1 次印刷	
印　　数	1—4000 册	
书　　号	ISBN 978-7-204-13950-7/I·2784	
定　　价	58.00 元	

如发现印装质量问题，请与我社联系，联系电话：（0471）3946120 3946169

序

契丹族是中国北方一个古老民族。北魏初年契丹族称始见于史籍（388年）；隋唐之际契丹族崛起于西辽河流域，形成八部联盟；唐末五代时期契丹族以西辽河流域为中心，以赤峰市巴林左旗为首都（辽上京）建立契丹辽王朝（916年）；北宋时期契丹辽王朝称雄东北亚，与中原的北宋形成中国历史上又一南北朝；公元1125年，契丹辽王朝被女真人灭亡；明朝初年契丹人销声匿迹。

契丹族从出现在世人视野到消亡，在人类历史舞台上活跃1000余年。期间契丹族建立的契丹辽王朝统治中国北疆200余年，创造了举世瞩目的契丹辽文化，对中华民族、中华国家、中华文化乃至世界文明都做出了历史性贡献。但是，契丹辽王朝灭亡后，契丹族逐渐消亡，契丹文字也随之成为"死文字"，契丹族、契丹辽王朝历史也被历史的长河所湮没。

本来元朝编纂《辽史》116卷，为二十四史之一，较详细地记述了契丹辽王朝历史，人们通过阅读《辽史》便可了解契丹族、契丹辽王朝历史。但是，由于《辽史》的主人公消亡了，《辽史》自然也就被束之于高阁，即便是有些许流入书市，也多是史学家及研究者案头上的工具书。时至今日，由于世上少有关于契丹辽史方面的通俗读物，人们对契丹人的认知，多是来自杨家将等文学、文艺作品或民间故事。在这些文学、文艺作品及民间故事里，契丹族及其政权又往往被视为"异族"或"外国"，不仅误导了人们对契丹民族的认知，而且给契丹族、契丹辽王朝蒙上了一层"神秘"的面纱。

近些年来，随着考古发现及历史文化旅游产业的兴起，契丹辽史话题有了一些热度。个别图书市场有了点契丹辽史读物、有的地区召开契丹辽史研讨会议、一些地区还打起了契丹辽文化旅游品牌等等。这是好事，说明消亡数百年的契丹族又引起了人们的关注和兴趣，契丹族、契丹辽王朝历史亦将揭开"神秘"面纱。但是，不可否认，图书市场以契丹辽史研究专著为多，对于普通读者来说味同嚼蜡，契丹辽史研究会议也以专题、个别领域研究为主题，契丹辽文化旅游多停留在宣传上，并无实质性的内容，这些都难以满足普通读者对契丹辽史知识的阅读需求。《揭秘契丹辽王朝》丛书试图在通俗读物方面作一些尝试，以满足广大普通读者的阅读需要。

《揭秘契丹辽王朝》丛书以《辽史》《契丹国志》《资治通鉴》《续资治通鉴》为底本，参阅大量的古今契丹辽史研究资料及考古发现，以今人视角、通俗易懂的故事性语言，揭秘了契丹族源，契丹八部联盟，契丹辽王朝建立、发展、兴盛、衰落、灭亡、契丹人消失等历史，将契丹族和契丹辽王朝历史全方位、多层面地呈现在读者面前。使广大普通读者一书在手，就能够阅读完整的契丹族、契丹辽王朝历史。

《揭秘契丹辽王朝》丛书选配契丹辽代遗迹、出土文物、壁画等精美图片，融真实性、知识性、趣味性、完整性、直观性、观赏性于一体，图文并茂，通俗易懂，老少咸宜。使广大读者如欣赏文学作品一般欣赏契丹人、契丹辽王朝历史，品味独具特色的契丹辽文化。

《揭秘契丹辽王朝》丛书是作者30余年来阅读《辽史》及有关契丹辽史研究资料的心得，由于契丹人留给世人的资料非常匮乏，加之作者知识面及阅读范围所限，书中难免有错谬之处，敬请读者指教为盼。

作　者
2016年5月24日于辽上京遗址

前　言

　　一个王朝的灭亡，有其内在和外在因素，内在因素无疑是主要的。契丹辽王朝衰落及灭亡是其统治集团内讧和腐败的必然结果。

　　契丹建国伊始便形成皇族与后族两大政治集团，二者以政治婚姻为纽带，紧紧地捆绑在一起，形成皇族与外戚共执国政的政治格局。皇族有一帐三父房四支系，后族有二国舅帐五房系，诸家支围绕着皇权、后权展开权争，造成辽廷统治集团间内讧不断的局面。

　　辽世宗朝皇权与后权发生严重冲突，结果是后族代表人物——开国皇后述律平被囚，皇族代表人物辽世宗被杀；辽兴宗朝后族之间权争，结果是齐天皇后被杀，外戚干政，几乎架空皇权；辽道宗朝皇权与后权及后族之间权争达到白热化，结果是皇后、太子被杀，奸臣擅权，以此为拐点，契丹辽王朝开始走向衰落；辽天祚帝朝后族权争、外戚擅权，结果是贵妃、皇子被杀，皇族、外戚叛逃，加速了辽王朝灭亡。

　　契丹辽王朝在"澶渊之盟"后达到鼎盛，辽廷在享受北宋及各属国、属部岁贡的同时，享乐之风盛行，腐败之风蔓延，笃佛之风日盛。至辽道宗朝后期，辽代社会僧徒达数十万之众，已经成为社会的沉重负担；契丹贵族为了满足贪欲，以各种手段剥削和压迫诸部族，激化了民族矛盾，最终导致女真人起兵灭亡了辽王朝。

契丹辽王朝灭亡后，契丹族为了复国和生存进行了不懈的努力和奋斗。耶律大石率众在中亚建立了契丹政权，存世近百年，史称西辽，续写了契丹民族新篇章；一部分契丹人北迁发展为今天的达斡尔人；留居原地的契丹人逐渐融入其他民族之中。

活跃在人类历史舞台上千年之久的契丹人就这样消亡了！

第七章

契丹后裔

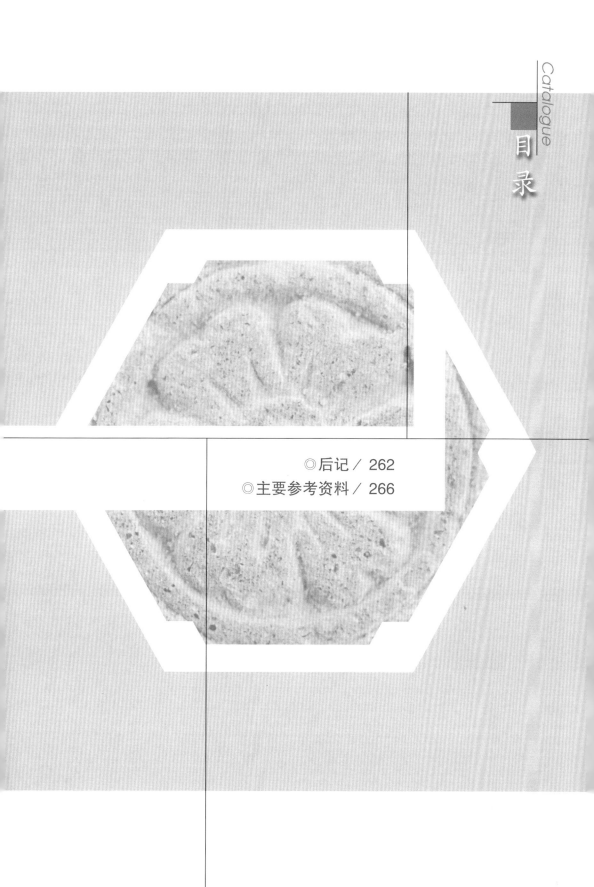

WAI QI GAN ZHENG

　　辽史耶律、萧氏十居八九，宗室、外戚势分力敌，相
为唇齿，以翰邦家，是或一道。然以是而兴，亦以是而亡，
又其法之弊也。

　　　　　　　　　　　　　　　　　　　　　《辽史》

1. 辽朝外戚

关于辽朝外戚，是目前史学界研究的一个课题，主要分歧是辽廷十几位皇后的族属问题，目前尚无令人信服的说法。本书依据《辽史》及有关契丹辽史研究资料，将前言已经述及的辽朝外戚情况再简单地作一梳理。

大体上而言，辽廷外戚主要有拔里氏、乙室已氏二国舅帐和国舅别部（帐）三族。

拔里氏和乙室已氏历史久远，原称二审密氏，世代与大贺氏、遥辇氏、耶律氏通婚，是契丹民族历史上的两大后族政治集团。契丹建国后，这两大后族政治集团自然而然地转为辽朝后族，但由于述律平家族的加入，使这两大后族政治集团发生了质的变化。

述律平祖上为回鹘人，在回鹘汗国灭亡时留居契丹，并与辽太祖家族通婚。这个家族不仅在辽太祖攫取汗权和开国称帝过程中

居功至伟，而且在辽太祖巩固汗权及皇权过程中发挥了重要作用，由此成为契丹建国初期新崛起的一个后族政治集团。

　　辽太祖为了表彰妻子述律平家族的贡献，更主要的是想利用妻子家族势力来巩固皇权，使皇权能够在自己子孙中传承，在将自己家支从本族中独立出来升为横帐的同时，将述律平家族也从本部族中独立出来升为国舅帐族，与拔里氏和乙室已氏合称二国舅帐。

　　关于述律平家族与拔里氏和乙室已氏合称二国舅帐族问题，

有研究者认为，述律平家族原来并不在拔里氏和乙室已氏两族中，而是契丹建国后硬挤进拔里氏和乙室已氏国舅族的。这一观点尚有商榷的必要。

据《辽史》，述律平的母亲是辽太祖姑母耶律氏，耶律氏先嫁给萧敌鲁父亲萧氏，生萧敌鲁等兄弟，后来又改嫁给述律平父亲述律月椀，生述律平及萧阿古只等姐弟。述律平家族升为国舅帐后，萧敌鲁家族列为乙室已氏国舅帐，述律平、萧阿古只家族列为拔里氏国舅帐。由此可知，萧敌鲁父亲萧氏家族原为乙室已氏部族；述律平父亲述律月椀家族原为拔里氏部族。也就是说，述律平母耶律氏前夫即萧敌鲁父亲萧氏家族原为乙室已氏部族成员，述律平母耶律氏后夫即述律月椀家族原为拔里氏部族成员。

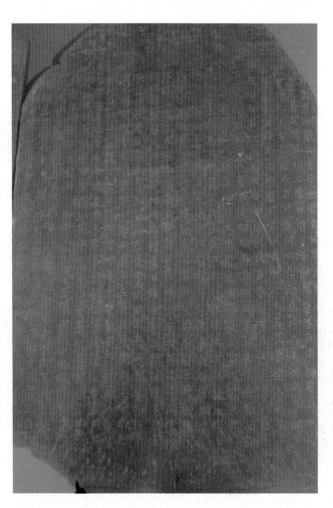

述律家族在回鹘汗国灭亡后留居契丹，成为拔里氏部族成员，并与拔里氏一样与耶律氏通婚。辽太祖在将妻子述律平家族升为国舅帐时，依据述律平母亲耶律氏（辽太祖姑母）前

后两夫的族属，将其子女分别列入拔里氏国舅帐（述律平父亲家族）和乙室已氏国舅帐（萧敌鲁父亲萧氏家族）。

述律平家族在辽太宗朝时已经发展为与皇族不相上下的政治集团，以至于辽太宗都不无感慨地说道："太后族大如古柏根，不可移也。"正因此故，辽太宗对母亲述律平家族不得不刮目相看，给予更高的政治待遇。将述律平母亲前夫和后夫两族整合为乙室已氏、拔里氏二国舅帐核心成员。至此，以述律平母前夫和后夫两族为核心的拔里氏、乙室已氏二国舅帐取代原来世代与耶律氏通婚的拔里氏、乙室已二国舅族，成为辽廷外戚政治集团。至辽圣宗朝，二国舅帐发展形成四房。

具体来说，述律平母前夫之族（萧敌鲁父亲萧氏家族）为乙室已氏国舅帐大翁帐、小翁帐两房，其中，萧敌鲁家支为大翁帐，萧敌鲁族弟萧忽没里家支为小翁帐；述律平母后夫即述律平父亲述律月椀家族分为拔里氏国舅帐大父房、少父房两房，其中，述律平兄长萧室鲁家支为大父房，述律平胞弟萧阿古只家支为少父房。

从拔里氏和乙室已氏二国舅帐四房的组成来看，只有乙室已氏国舅帐小翁帐与述律平没有血缘关系，其他三房都是述律平兄弟家支。小翁帐的萧忽没里家族被列入国舅帐族，除与萧敌鲁家族有关系外，可能还与辽太祖母亲有关系。

辽太祖的外公萧剔剌曾担任遥辇氏部落联盟北府宰相，说明这个家族在契丹遥辇氏时代为强势家族，或为拔里氏或为乙室已氏，与大贺氏、遥辇氏、耶律氏世代通婚。从辽太祖母亲萧岩母斤曾参与"诸弟叛乱"，与述律平家族争夺后族之权来分析，辽太祖母亲萧岩母斤家族为乙室已氏，萧敌鲁族弟萧忽没里（小翁帐）是萧岩母斤娘家人或为侄或为孙。

很显然，辽太祖舅族即萧岩母斤家族在辽太祖攫取汗权及开国称帝过程中，肯定也发挥了很重要的作用。辽太祖建国后析分国舅帐族时，萧岩母斤尚在世，其家族（辽太祖舅族）仍然是辽廷强势家族，显然是不会让述律平家族独占后宫之位，因此将娘家中较强势的萧忽没里家支列入国舅族之中。萧岩母斤生活于辽太祖、辽太宗两朝，在辽太祖朝被尊为皇太后、太宗朝被尊为太皇太后，辽太宗在整合二国舅帐时，在祖母（萧岩母斤）及家族压力下，将祖母家族中的萧忽没里家支列入乙室已氏国舅帐，与述律平家族并列辽朝外戚政治集团。

关于国舅别部，是史学界分歧较大的课题。据《辽史》记载，国舅别部是辽世宗母亲家族，这个家族就是契丹建国前谋杀辽太祖三伯父于越释鲁凶手之一的萧台晒家族。开国太子耶律倍妻子即辽世宗生母萧氏是萧台晒的族孙女，萧氏家族因萧台哂案受到牵连被籍为奴隶。

从萧台哂参与谋杀于越释鲁及其家族有女性嫁给辽太祖长子耶律倍（未来的皇位继承人）为妻来看，这个家族在契丹建国前便是强势家族，已经参与契丹高层权力争夺。由此推测，这个家族应是拔里氏或乙室已氏的一个分支。

辽世宗即位后，在将祖母述律平囚于祖州的同时，为了继续打压和抗衡二国舅帐（即述律平家族）势力，将母亲家族升为国舅别帐，由此辽朝形成三国舅帐，即拔里氏、乙室已氏二国舅帐和国舅别帐（辽圣宗朝时将拔里氏和乙室已氏二国舅帐合为一帐）。

这三国舅帐形成辽朝三大外戚政治集团，即以述律平家族为核心的拔里氏外戚政治集团，以辽太祖母亲萧岩母斤家族为核心的乙室已氏外戚政治集团，以辽世宗母亲萧氏家族为核心的国舅别帐外戚政治集团。

《辽史·后妃传》辑录皇后13人、嫔妃3人，本纪中涉及辽太宗、辽圣宗各1后，共计15位皇后、3位嫔妃。其中，出自拔里氏国舅帐皇后10人，妃1人；出自乙室已氏国舅帐皇后4人，妃2人；出自汉人皇后1人（辽世宗第一位皇后甄氏）；国舅别帐没有产生过皇后。

简而言之，辽朝外戚由三大家族五房组成：述律平父族（拔里氏国舅帐二房）、萧燕燕父族亦即辽太祖母亲萧岩母斤家族（乙室已氏国舅帐二房）、辽世宗舅族（国舅别帐）。如果从父系血缘关系上来梳理，拔里氏国舅帐二房（述律平父族）是有回鹘血统的契丹人，乙室已氏国舅帐二房（萧燕燕父族）、国舅别帐（辽世宗舅族）是契丹本族人。

2. 皇族、外戚共同执政

从《辽史》的记载来看，有辽一代，契丹辽王朝政坛大体上存在着三大政治集团，即皇族政治集团、外戚政治集团和汉族政治集团。其中，皇族与外戚两大政治集团共同执政是辽王朝的一大政治特色。汉族介于两大政治集团之间，既是皇族与外戚两大政治集团势力均衡的平衡器，又是治理国家的重要力量。

契丹辽王朝形成皇族与外戚两大政治集团共同执政格局，既有其历史原因，亦有辽太祖的人为因素。

就历史原因而言，契丹民族的"两姓婚姻""世代通婚"及官员"世选""女权政治"等习俗，是造成辽王朝皇族与外戚两大政治集团共同执政的主要原因。

契丹民族实行异姓通婚习俗，即耶律氏与萧氏通婚，耶律氏与耶律氏、萧氏与萧氏不能通婚。由此又形成家族之间世代通婚的习俗，即每个家族都有相对固定的通婚对象，如大贺氏、遥辇氏、耶律氏世代与拔里氏和乙室已氏两家族（萧氏）通婚。

契丹辽王朝官员世选制度源于部落首领世选制度，其显著特点是：某一家族具有世选某一职官的特权。例如契丹大贺氏、遥辇氏部落联盟时代，契丹可汗世从人贺氏和遥辇氏家族中选举产生，遥辇氏部落联盟的军事首领则世从耶律氏家族（辽太祖家族）中选举产生，其他如北府宰相、南府宰相等职官也均从某些家族世选。

"女权政治"是游牧民族特殊的生产生活方式的产物，契丹民族亦不例外。其显著特点是：可汗的祖母、母亲、妻子、姐妹等女性在特殊时间段内（如可汗幼小、外出征战、身体有病、能力有限、病故等）可以行使可汗权力。为了保证可汗妻子的权威性，可汗妻子的伯叔兄弟侄等家族成员担任重要职官，其中最重要的职官就是北府宰相。

契丹建国前，可汗之下设北、南两宰相为百官之长，因契丹人有崇东尚左（北）习俗，因此北府宰相位居百官（包括南府宰相）之首。

按照世选习俗，北府宰相一般由可汗妻子的伯叔兄弟侄等亲属担任，由此契丹政权便形成了汗族与后族（外戚）共同执政的格局。

辽太祖仿效中原封建帝制建国，虽然打破了契丹传统的部落首领世选制，建立起了皇权世袭制度，但皇族与外戚共同执政的局面并没有被打破，其原因就是述律平家族的崛起。

前文已经述及，辽太祖担任契丹可汗前，其家支并非耶律氏家族中的强势家支，为了巩固汗权和皇权，为了使皇权在自己子孙中传承，他大力培植妻子述律平家族势力，在册封述律平为皇（汗）后的同时，任用其两兄弟萧敌鲁（乙室已氏大翁帐）、萧阿古只（拔里氏少父房）相继为北府宰相，从而使述律平家族在契丹建国前后迅速崛起，形成与耶律氏皇族共同执政的新的外戚政治集团。

但是，凡事有一利便有一弊。辽太祖利用妻子述律平家族巩固了自己的汗权和皇权，却埋下了辽廷后宫权争和外戚干政的祸根。

终辽一世，辽朝皇族与外戚争权夺利的斗争从来就没有停止过。同时，三国舅帐及政治派系之间为争夺后宫之位，相互倾轧，内讧不断，从而造成辽朝统治集团的严重内耗，成为辽王朝灭亡的重要内因。

因此，《辽史·表第五》在外戚卷开篇便说道："汉外戚有

新室之患，晋宗室有八王之难。辽史耶律、萧氏十居八九，宗室、外戚势分力敌，相为唇齿，以翰邦家，是或一道。然以是而兴，亦以是而亡，又其法之弊也。"意思是说，辽朝皇族与外戚共同执政体制，是契丹辽王朝灭亡的一个重要因素。

3. 元妃、齐天皇后争权

辽王朝皇族与外戚共同执政的弊端是显而易见的，其中之一便是后宫权争。原因很简单，那就是辽朝有二国舅帐四房及国舅别部三大外戚政治集团，这三大外戚政治集团又分为五股政治派系，即拔里氏、乙室已四房及国舅别部。这些政治派系谁都不想失去与皇族共同执政的机会。因此，自辽太祖担任可汗至辽王朝灭亡的200余年时间里，每个皇帝执政期间都有后宫权争事件发生。

辽太祖朝的"诸弟叛乱"，从表面上看是诸弟争夺汗权，其实质是述律平家族抢走了原来世代与耶律氏通婚的拔里氏和乙室已氏的后族（以辽太祖母亲萧岩母斤家族为主）之权，因此辽太祖母亲及妹妹均参与了"诸弟叛乱"，以期夺回自己家族的后族之权。

辽太祖病逝后，述律平诛杀百官，废长立次，其实质也是为了保住自己家族的后宫之权。辽太宗有两位皇后，第一个是述律平兄长萧室鲁（拔里氏大父房）之女萧温（辽穆宗生母），第二个是述律平兄长萧敌鲁之女萧氏。

辽太宗病逝后，述律平与辽世宗祖孙争夺皇权，其实质也是后权之争，那就是辽世宗的母亲萧氏（国舅别部）并非述律平家族人。因此，当述律平被囚于祖州、辽世宗升母亲家族为国舅别帐、册封汉人甄氏为皇后后，述律平家族并没有就此罢手，而是继续争夺后宫之权。其家族的代表人物萧翰（述律平之侄、萧敌鲁之子）组成反皇集团，几次图谋推翻辽世宗的皇位。虽然萧翰因谋反被诛，但其家族最终还是迫使辽世宗废掉汉人皇后甄氏，册封述律平胞弟萧阿古只（拔里氏少父房）之女萧撒葛只（辽景宗生母）为皇后。

辽穆宗皇后萧氏族属不清，但萧氏于辽穆宗在藩邸时被纳为妃（辽太宗朝），辽穆宗即位后册为皇后，当时述律平当政，她自然是不会让辽穆宗的皇后之位旁落别家。因此，辽穆宗皇后萧氏有可能亦是述律平家族人。

辽景宗即位时已经22岁，早已娶妻，按照常理，他即位后应册封这位正妻为皇后。但萧思温在自己的女婿罨古只（辽太宗嫡子、辽穆宗胞弟）当不成皇帝的情况下，以拥立辽景宗为条件，与其做了一笔政治交易，迫使辽景宗纳萧思温之女萧燕燕为皇后。

萧思温是乙室已国舅帐小翁帐萧忽没里之子，由此辽朝后宫之权从拔里氏国舅帐政治集团（述律平家族）转移到乙室已氏国舅帐政治集团（辽太祖母亲家族），拔里氏国舅帐政治集团自然不甘心失去后宫之权，与乙室已氏国舅帐政治集团展开了争斗。辽廷后宫权争开始逐渐升级，并在辽圣宗朝后期进入白热化。

萧燕燕是作为政治交易品进入后宫的，由于她没有兄弟，只有姐妹三人，娘家势力过于薄弱，因此她入主后宫后，特别是父亲萧思温被杀后，乙室已氏国舅帐与拔里氏国舅帐相比，仍然处于弱势。为了改变这种局面，萧燕燕不得不采取笼络拔里氏国舅帐、提拔重用汉族知识分子（主要是玉田韩氏家族）等措施，来稳固丈夫辽景宗的皇权和自己的后权。摄政后，为了改变"少姻援助，诸皇子皆幼"的危局，在将自己尚未成年的两个女儿分别嫁给拔里氏国舅帐的萧排押和萧恒德兄弟同时，辽圣宗娶拔里氏国舅帐萧氏为皇后，她自己以国母之尊下嫁了韩德让。但是，不可否认的是，萧燕燕这样做不过是权宜之计，随着自己统治地位的巩固，她也在考虑后宫换主的问题。

辽统和十九年（1001 年），摄政 20 年的萧燕燕完全掌控了辽廷政局，于是废掉辽圣宗第一位皇后萧氏，册封韩德让的外甥女萧菩萨哥为辽圣宗齐天皇后。

辽圣宗第一位皇后萧氏的情况不详，甚至连名字都没有留下，但是从萧燕燕摄政后笼络拔里氏国舅帐来看，萧氏肯定是拔里氏国舅帐人（一说是萧排押之妹或女），她是在辽统和四年（986 年）被册为辽圣宗（时 16 岁）皇后的，"以罪降为贵妃"时已经在皇后之位坐了 16 年（1001 年）。

萧氏被废的原因不详，《辽史》只有一句"皇后萧氏以罪降为贵妃"，有资料说皇后萧氏是因无子被废。后妃以有子为尊，这是宫廷里不成文的规矩。按照这一规矩，萧氏因无子被废也属正常。但是，萧氏被册为皇后的第四年（989年）有皇子佛宝奴生，此皇子情况不详，而在《辽史·皇子表》中，有皇子别古特生母不详，如果此别古特（死于辽兴宗朝末）就是皇后萧氏所生，那萧氏因无子被废就不成立了。萧氏被废降为贵妃后，事迹不详。辽开泰六年（1017年）有一德妃被赐死，葬于兔儿山西，此后数日大风起于坟头之上，遮蔽天日，电闪雷鸣雨下月余不止，同时南京地区还出现了蝗灾，这无疑是在描写德妃是冤死。如果此德妃就是辽圣宗第一个皇后萧氏的话，那萧氏被废肯定是与辽廷后宫斗争有直接的关系了。

在萧氏被废的同时，韩德让被赐名德昌，其外甥女萧菩萨哥被册为辽圣宗齐天皇后。从这一点来看，萧氏被废的主要原因是为了给齐天皇后让位，说白了萧氏不过是辽廷政治斗争的牺牲品。

齐天皇后萧菩萨哥生于辽统和元年（983年），生母是韩匡嗣三女儿韩氏，父亲是萧燕燕之弟萧隗因（史籍中记载萧燕燕之父萧思温无子，萧隗因有可能是萧思温的义子或过继子），12岁嫁进宫中，被册为齐天皇后时只有19岁。从中不难看出齐天皇后的特殊身份，她既是玉田韩氏家族人，又是乙室已氏国舅帐小翁帐人（因萧隗因是萧燕燕之弟），她被册为皇后，不仅标志着辽廷皇后之位从拔里氏国舅帐手中又回到了乙室已氏国舅帐手中，同时也标志着玉田韩氏家族已经成为与耶律氏皇族和二国舅帐后族不相上下的政治势力。

当然，这样的结果正是萧燕燕所希望的，也是她刻意追求的。不过，很显然，这样的结果又是拔里氏国舅帐不愿意看到的，为了重新夺回皇后之位，他们开始奋力反击，与乙室已氏国舅帐开展了争夺皇后之位的斗争。既然是后宫斗争，自然就少不了后宫的女人们。在众多的宫女之中，有一个叫萧耨斤的人，成了这场斗争的主角。

萧耨斤是拔里氏国舅帐少父房始祖萧阿古只（述律平胞弟）五世孙，关于她还有一个很离奇的故事。说她本来长得很黑，模样一般，突出的特点是眼神逼人。有一天她的母亲做了一个梦，梦见一根金柱擎天，诸子争相想爬上去都没有成功，这时萧耨斤走了过来，领着侍女们轻松地爬了上去。母亲梦醒，深感惊异，认为此女将来必成大器。于是将萧耨斤送入宫中，成为萧燕燕宫中一名侍女。萧耨斤有一天在打扫萧燕燕房间时，发现一只金鸡，便一口吃了下去，顿时肤色光泽胜过常人。萧燕燕见后觉得此女必生奇子，便让她去侍候辽圣宗，果然生下皇子耶律宗真（即辽兴宗）。

这个离奇的故事荒诞不经，自然是不可信。但也透露出一些信息，那就是萧耨斤长得很一般化，进宫后只是萧燕燕身边一名侍女，由于萧燕燕的关系，又以宫女身份为皇帝辽圣宗生下龙子。

母以子贵是封建社会一条颠扑不破的真理，萧耨斤生下龙子之后，便有了争夺后宫之位的资本，而这一切又都与齐天皇后萧菩萨哥有关系。

齐天皇后曾生下两个皇子都夭折了，之后就再没有生下皇子，因此储君之位一直空着，这就给那些有心计的妃子宫女们创造了机会，萧耨斤就是其中之一。

萧耨斤能够以宫女身份为皇帝生下龙子，这里面肯定有一些曲折的故事，其中也不排除以下两方面因素：一是萧耨斤是一个颇有心计的人，她见储君之位久空，便动了心思，开始往这方面努力，通过百般算计，终于博得皇太后萧燕燕的偏爱，得以接近辽圣宗并生下龙子；二是萧耨斤是被借腹生子。立储历来是皇家大事，为皇帝皇后及大臣们所重视，当然最着急的就是皇后了，皇后无子，就意味着有被废掉的危险，因此无子的皇后们为了保住后宫之位，便想尽办法来为皇帝生龙子，而借腹生子就是办法之一。与辽圣宗同一时期的北宋皇帝宋仁宗就是借腹所生。

宋真宗有一德妃叫刘娥，不但长得俊俏，而且聪明伶俐，工于心计，很会为人处世，深得宋真宗的宠爱。宋真宗皇后郭氏，因为连生三个龙子都夭折，精神受到打击而病逝（1007 年），刘娥时为德妃，便想坐中宫之位。但是，刘娥也没有生下龙子，又没有家族背景，想登上中宫之位，谈何容易？为此，刘娥想到了一个移花接木、李代桃僵之计，把自己身边的侍女李氏，通过某种途径，推到了宋真宗的怀里，让其为自己生龙子。李氏（即李宸妃）也不负所望生下龙子赵祯（即宋仁宗），刘娥养为己子，也如愿以偿地被册立为皇后。

"狸猫换太子"之说，便由这段历史故事演变而来。不过，"狸猫换太子"之说，纯属于瞎编乱造，历史上根本无其事。

齐天皇后连生两皇子都夭折，心里肯定很是着急，皇太后萧燕燕肯定也为皇帝无嫡子而着急，因此婆媳两人便策划了一起借腹生子之计，让宫女萧耨斤为皇帝生龙子，齐天皇后再养为己子。但是，婆媳两人没有想到的是，这个萧耨斤并不是一个好惹的主。

萧耨斤生下皇子耶律宗真后，便被齐天皇后抱去养为己子，随之占据储君之位，3 岁封为梁王，5 岁册为太子，成为皇位法定继承人。

萧耨斤虽然对亲生儿子一落地就被别人抢去很是心疼，但也暗自高兴，不管怎么说，将来亲生儿子当上皇帝，自己肯定也会跟着沾光，因此对儿子被抢一事或许也就没争没吵。但是，拔里氏国舅帐少父房的人却不这么甘心：既然我们少父房的女人（萧

耨斤）所生龙子被立为太子，那没有生下龙子的齐天皇后（乙室已国舅帐人）就得让出皇后之位。萧耨斤有了家族的支持，自然也想占据皇后之位，于是向齐天皇后发起了挑战，矛盾自然要上交到辽圣宗那里。

其实，一个皇帝处理这样的事情也并非什么难事，从母以子

贵的角度上讲，辽圣宗完全可以废掉齐天皇后，册封萧耨斤为皇后。退一步讲，他也完全可以找一个理由杀掉萧耨斤，以平息后宫权争。但是，辽圣宗没有这样做，而是走了一条中庸之道，册封萧耨斤为顺圣元妃，将其所生皇子耶律宗真正式过继给齐天皇后并立为太子。

辽圣宗之所以这样来处理后宫矛盾，原因可能是多方面的，但也不排除以下四个方面原因：一是辽圣宗被母后摄政 27 年，养成了对女人的依赖性，萧燕燕去世后，齐天皇后迅速填补了婆母的位置，开始帮助丈夫处理朝政，而辽圣宗对齐天皇后这个助手也非常适应和满意，因此不愿意废掉她。二是齐天皇后不但长得漂亮，而且擅长词曲，尤其擅长弹奏琵琶，这对于同样喜欢词曲的辽圣宗来说，可谓是人生知音，他怎么舍得废掉呢？三是韩德让长期把持朝政，玉田韩氏家族势力过于强大，不仅遭到辽廷显贵们的嫉妒，就连辽圣宗本人也心存不满，有意利用二国舅帐的人来抗衡玉田韩氏家族。四是皇权传承问题。萧耨斤所生皇子耶律宗真是辽圣宗嫡子，是皇位法定继承人，如果没有舅族（萧耨斤家族）辅佐，将来继承皇位后就很难保住皇权，因此辽圣宗不仅没有杀掉萧耨斤，而且还有意提拔重用萧耨斤的诸兄弟们，从而酿成了齐天皇后被杀的惨剧。

总之，辽圣宗既不废掉无子嗣的齐天皇后，也没有杀掉生下龙子的萧耨斤，而皇后之位又只能坐一个人，从而导致辽廷后宫权争逐渐升级。就争斗的双方而言，萧耨斤是主动进攻方，而齐天皇后是被动守方，因此争斗的激烈程度，主要看萧耨斤的进攻手段。

萧耨斤毕竟是一个女人，首先想到的也不过是一些拿不到台面上的、诬陷人的不正当手段。齐天皇后擅长弹奏琵琶，常常请

一些弹奏琵琶的高手到宫内交流技艺，有时甚至是交流到深夜，萧耨斤于是就向辽圣宗告发，说齐天皇后与某某琵琶师私通，辽圣宗对此自然是不信，没有理会。萧耨斤见辽圣宗不信，便向齐天皇后宫内派了一些卧底眼线，想抓住齐天皇后越轨的真实把柄，结果什么也没有发现。萧耨斤仍然不死心，便经常写了一些诬告齐天皇后与别人私通的匿名信，偷偷地放入辽圣宗寝室，辽圣宗知道是萧耨斤所为，便让人烧掉了事。

萧耨斤又是一个很不一般的女人，见辽圣宗对齐天皇后宠幸有加、深信不疑，靠不正当手段难以将齐天皇后拉下马，便采取务实手段，将自家兄弟们提拔到辽廷重要岗位当官，以期机会成熟时，再打败齐天皇后。这一招果然好使，在萧耨斤的运作下，萧氏诸

兄弟纷纷在辽廷出仕为官,至辽圣宗朝末,萧耨斤诸兄弟如萧孝穆、萧孝先、萧孝忠、萧朴、萧孝友、萧孝惠等都官居显位。

随着萧耨斤诸兄弟官居显位,拔里氏国舅帐少父房势力迅速崛起,至辽圣宗朝末已经超过了齐天皇后所依赖的玉田韩氏及乙室已氏国舅帐势力。而更为可悲的是,齐天皇后自以为得到皇帝宠幸,自以为与太子耶律宗真的感情胜过亲生母子,还在有恃无恐,没有做什么应变准备。

凡事都是旁观者清,齐天皇后身处斗争核心,对自己的险境浑然不知,可总是有明白人,这个人就是韩制心。

韩制心,又名耶律遂贞(因韩德让被赐耶律姓氏之故),出生于辽保宁四年(972年),韩匡嗣第六子韩德崇之子,与齐天皇后是表兄妹,也是玉田韩氏家族第四代人在辽廷中的代表人物。韩德让病逝时,玉田韩氏家族在辽廷中的势力开始削弱,大部分在辽廷中任要职的人都相继去世,只有韩制心还算是一个人物。他历任归化州刺史、上京留守、辽兴军节度使(1012年)、汉人行宫都部署、封漆水郡王、南院枢密使、中京留守(1019年)、大内惕隐(1019年)、南京留守(1020年)、封燕王、南院大王、兵马都总管(1023年)。

以上这些官职除归化州刺史而外,都是皇帝至亲或能力超强的宗族显贵才能够担任。由此可见,韩制心不仅能力超强,而且还深得辽圣宗信任。但他并没有因此而忘乎所以、妄自尊大,而是保持着清醒的头脑,做事也很低调。当时,辽圣宗与齐天皇后经常在宫中摆设酒席,宴请功德显著者及高级官员,韩制心则多以托词而不赴宴。齐天皇后对此很不高兴,就问他为什么不赴宴。韩制心则回答说:"宠贵怎能长久呢?我常常为此担忧啊!"(《辽史》)可见,韩制心看到后宫权争激烈,已经在为表妹齐天皇后

或家族的命运担心。不幸的是，韩制心于辽太平四年（1024 年）病逝，更不幸的是，他的担心在七年后变成了现实。

4. 元妃摄政

辽圣宗在弥留之际已经预感到后宫将要发生变故，在安排后事时，特意对太子耶律宗真嘱咐道：齐后皇后侍奉我 40 年，由于她没有儿子，所以才立你（耶律宗真）为太子，我死之后，你们母子千万不要杀他。并留下遗嘱：以齐天皇后为皇太后，以元妃（萧耨斤）为皇太妃。

但是，辽圣宗遗愿没有实现，当他还在安排后事的时候，萧耨斤便开始行动了。她指使弟弟上京留守萧孝先把行宫戒严，将哭得死去活来的齐天皇后看管起来。辽圣宗病逝（1031年）后，她更是扣下遗嘱不发，在拥立儿子耶律宗真继承皇位的同时，自立为皇太后。紧接着指使人诬告齐天皇后等人不轨，将齐天皇后囚于上京皇都城，疯狂捕杀所谓的齐天皇后党人，这其中就包括萧浞卜、萧匹敌等辽廷贵戚重臣。

萧浞卜（汉名萧绍业）是齐天皇后的弟弟、萧耨斤的女婿，时任北府宰相。其实他并没有旗帜鲜明地站在姐姐齐天皇后一边，而反对岳母萧耨斤，只是因为平时与姐姐关系比较好，就被萧耨斤杀死。萧匹敌是萧燕燕外孙，即萧燕燕三女儿延寿女与萧恒德之子，时任国舅详稳、封阆陵郡王。他也并没有旗帜鲜明地反对萧耨斤，只是因为他自幼养在宫中（萧匹敌未满月时，父母双亡，被养于宫中），得到齐天皇后关爱多一些，便受到萧耨斤的嫉恨，指使人诬告其与北府宰相萧浞卜谋逆，将两人一起斩首。

从中不难看出，萧耨斤由于生下龙子没有被册封为皇后，心理受到压抑，从怨恨发展到仇恨，进而心理有些变态，不仅对齐天皇后恨之入骨，对齐天皇后身边及亲近的人也恨得咬牙切齿，一旦翻过身来，便疯狂地进行报复，甚至是不惜大行杀戮。在这种心理作用下，在接下来的半年多时间里，她对所谓的齐天皇后党羽或逮捕入狱或杀死籍其家，一时间辽廷上下人人自危。不仅如此，萧耨斤还与诸兄弟密谋，准备处死齐天皇后。

辽兴宗得到消息后，劝阻母亲说，齐天皇后侍奉父皇（辽圣宗）40余年，按照父皇的遗嘱应该立为太后，现在不立为太后也就罢了，为何还要杀死她呢？

萧耨斤见儿子出来阻止，便又找到诸兄弟商量，商量来商量去，

诸兄弟认为还是应该杀死齐天皇后。

辽兴宗得知此消息后，再次阻止母后说，齐天皇后没有子嗣，且已经年老，把她留在宫中，不会有什么后患。

不料，萧耨斤见儿子辽兴宗几次站出来反对杀死齐天皇后，不仅没有听辽兴宗的劝阻，反而产生了废掉辽兴宗的想法，并与诸兄弟暗中商量废立事宜。

萧耨斤与辽圣宗生育两子，如果废掉长子辽兴宗，那就得立次子耶律重（宗）元当皇帝，而此时耶律重元只有10岁，况且辽兴宗是先帝所立太子，又没有什么明显过错，废长而立次，显然是不适合的。因此诸兄弟商量来商量去，也没有拿定主意。

但是，萧耨斤却下定了主意，那就是即使不废掉辽兴宗，也不能让他说了算。于是在诸兄弟们的支持下，强行摄政（1031年12月）。

诸大臣们对萧耨斤的做法极为不满，但又迫于萧氏诸兄弟的权势，敢怒而不敢言，于是找到辽兴宗请求他不要答应母后摄政。而此时的辽兴宗也只有15岁，怎能是母后及诸舅舅们的对手呢？只好率领百官给母后上尊号为法天皇太后，接受了母亲萧耨斤摄政的现实。

萧耨斤摄政后，更加肆无忌惮，所做的第一件事便是杀死齐天皇后。为了泄私愤，命人按普通百姓丧事将齐天皇后草草埋葬了事。同时，她借杀死齐天皇后之机又诛杀了100余名反对者。接下来，萧耨斤一方面继续诛杀所谓的齐天皇后党人及反对自己的大臣，一方面大力提拔亲小。一时间萧氏家族包括家奴在内纷纷进入辽廷为官，萧氏诸兄弟不仅把持辽廷要枢之位，萧氏家奴担任团练使、防御使、观察使、节度使的竟多达40多人，以至于一些地痞流氓无赖也都纷纷投到萧氏家族为奴，以期得到提拔。

不仅如此，萧耨斤为了把辽兴宗掌控在自己手里，派人监视其一举一动。有一次辽兴宗赐给乐工一条银带，被萧耨斤得知，便立即把这个乐工痛打了一顿。辽兴宗很是气愤，便命人把监视自己、向母后通风报信之人杀掉。

　　萧耨斤得到此事后，更是恼羞成怒、大发雷霆，命令有司严查此案，结果牵连到辽兴宗。萧耨斤要得就是这样的结果，竟然下令有司让辽兴宗到公堂上对质。

　　人们常用欺男霸女来形容那些无恶不作的恶霸，可萧耨斤摄政后竟然干出了"欺女霸男"的事情来。她有一个妹妹早年寡居，看上了长沙王谢家奴，萧耨斤便将长沙王的妻子杀死，成就了妹妹的好事；她的另一妹妹看上了户部使耿元吉，萧耨斤便将耿元吉的妻子杀死，又满足了妹妹的要求。

　　本来，由于游牧政权中"女权政治"的存在，女性摄政也并不是什么稀奇古怪的事情，辽廷在萧耨斤之前就已经有了述律平和萧燕燕摄政的先例。但是，不可否认的是，游牧政权中的"女权政治"，也只是给女性从政提供了舞台，并非所有的女性都能成功摄政。也就是说，只有那些有政治才干的女性，才能够抓住摄政机遇，也才能够成功摄政。

　　这里所说的政治才干，主要是指治理国家的能力，也就是说，摄政的目的，是为了把国家治理的更好。

　　述律平、萧燕燕无疑都是成功的摄政者，原因就在于她们摄政的目的，是把国家和民族利益放在了第一位，而不是把自身、自家利益放在第一位，这或许就是政治家与阴谋家的区别吧！

　　在这里我们不妨再回顾一下述律平和萧燕燕摄政的过程。

　　辽太祖病逝时（公元 926 年），契丹已经仿效中原建国整整 10 年，皇太子耶律倍在储君之位也整整坐了 10 年。按理说，皇位

继承根本不是什么问题。但是，述律平并没有按照丈夫的意思，让太子耶律倍继承皇位，而是想让次子辽太宗继承皇位，为了达到这一目的，她没有立即安排皇位人选，而是自己权摄军国大政。

述律平废掉太子耶律倍的原因，可能是诸多方面的，但是其中最主要的原因，就是耶律倍的汉化程度较高。

辽太祖病逝时，以汉文化立国的渤海国刚刚并入契丹版图，契丹国内也已经建起了大量的汉城，居住着大量的汉人。为了管理好这个多民族杂居的国家，契丹统治者们制定了"因俗而治，各得适宜"的国策。具体来说，就是以汉制待汉人，以国制治契丹（包括诸游牧民族）。实践也证明，这一国策是非常正确的，

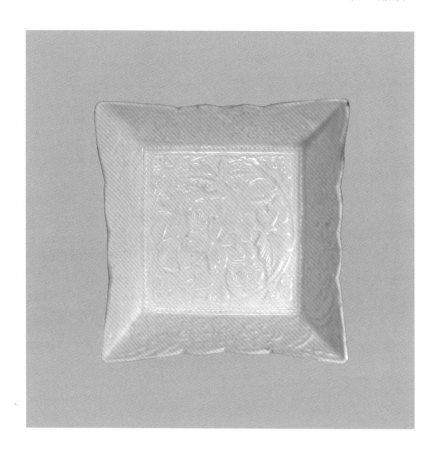

很好地解决了农耕民族与游牧民族在一个国度里生产、生活而引发的诸多问题。

耶律倍从小就深受汉族知识分子（如韩延徽、韩知古、康默记等）的影响，比较崇尚汉文化，一旦当了皇帝，契丹国家会不会全盘汉化？契丹国家全盘汉化，行得通，行不通？契丹国家以草原立国，契丹诸显贵们能否接收全盘汉化？这些事关国家生死存亡的大政问题，述律平不可能不考虑。

辽太宗相对于兄长耶律倍来说，汉文化程度要低一些，本民

族文化特征，则要更突出一些。这样的人当皇帝，才更适合于"因俗而治，各得适宜"国策的贯彻执行。

实践证明，述律平的选择是对的。

辽太宗继承皇位后，在继续贯彻执行"因俗而治，各得适宜"国策的基础上，还有所创新，在保证游牧政权固有政权体制的基础上，设置了汉人枢密院来专门管理汉人和渤海人事务，从而很好地解决了燕云十六州这一农耕地区并入契丹后所引发的诸多矛盾。

述律平权摄军国大政一年，将皇权交给儿子辽太宗，然后以皇太后身份辅佐朝政，但并没有完全剥夺辽太宗的皇权，母子两人，相得益彰，共同驾驶着辽王朝这艘航母，在正确的航线上行驶。

述律平为了让次子辽太宗继承皇位，曾杀掉 100 余名拥护太子耶律倍当皇帝的大臣，并砍掉了自己的一只手。但是，这些并没有引起契丹国家内乱，原因就在于她的这些举措，都是为了给契丹国家选择一位好皇帝，而且选对了，选准了，不仅没有使契丹发生内乱，而且还使契丹很快步入了快车道。

萧燕燕摄政有她的特殊性，那就是儿子辽圣宗即位时还太小，不能独立执政，从而才使她有了摄政的机会。但是，萧燕燕摄政 27 年，锐意进取，革故鼎新，把辽王朝推向鼎盛，无疑是一位成功的政治家。她钟爱次子却没有废长而立次，并把儿子辽圣宗培养成辽之圣主，无疑又是一位成功的母亲。

相比之下，萧耨斤摄政后的所作所为，无疑是在为家族谋利益，是一种赤裸裸的报复行为，是在破坏国家法律，败坏朝廷纲纪，自然也是不会长久的。

5．夺回皇权

辽兴宗，名宗真，字夷不堇，小字只骨，刚一出生便被齐天皇后养为己子（1016 年），这样一来他便有了两个母亲，一个生母萧耨斤，一个养母齐天皇后。按理来说，能够有两个母亲是人生的一大幸事，可对于辽兴宗来说却是大不幸，因为这两个母亲水火不相容。他亲近生母，养母不高兴，亲近养母，生母有意见。辽兴宗只好生活在两母斗争的夹缝中，久而久之，便形成了既不关心生母也不关心养母、对两母漠然置之的习惯。同时，为了逃避两母争斗的环境，他常常到宫外去玩耍，结识了社会上的三教九流，学会了吃喝嫖赌，不仅成为名副其实的纨绔子弟，而且还形成了性格的另一面—— 做事不认真，好走极端，我行我素。就这样，辽兴宗长到了 15 岁，继承了皇位。

按照契丹习俗，男子满 15 岁为成年男子，是成家立业的年龄，辽兴宗继承皇位时已经成年，完全可以独立执政。但是，辽兴宗并没有很好地把握这一权力，当父皇尸体还没有安葬的时候，当母后萧耨斤逮捕齐天皇后并疯狂捕杀其所谓的同党的时候，他夜晚邀大臣到宫中饮酒、博弈、行乐，白天与大臣们一起打马球、行猎，如同一个局外人一样。当得知母后与舅舅们准备处死齐天皇后的消息后，他也只是出来劝阻了几句，并没有想办法把养母齐天皇后救出来加以保护。当母后强行摄政，诸大臣请求他不要答应的时候，他也没有依靠诸大臣的力量来保护皇权，而是任由母后摄政。当萧耨斤派人杀死齐天皇后的时候（1032 年正月），他正在山里打猎，得知这一消息后，一点反应也没有，即不安葬养母，也不为其申冤。

从辽兴宗即位后的表现来看，他已经从一个纨绔子弟变成了

一个"纨绔皇帝"，不理朝政，只知道吃喝玩乐。但是，辽兴宗的"纨绔子弟"习性，使他对母后也产生了逆反和反抗情绪。也就是说，辽兴宗可以忍受母后摄政，却不能忍受母后对他行为的限制和人格的污辱。当母后派人监视他的一举一动，特别是当母后让他以犯罪嫌疑人身份在公堂上对质的时候，他顿起逆反心理。与此同时，朝中一些忠直之臣也对萧耨斤的所作所为有所不满，有意鼓动和支持辽兴宗夺回皇权，从而促使辽兴宗开始考虑夺回皇权的问题。

客观地说，辽兴宗虽然有一身纨绔子弟的习性，但并不是一无是处。他出生在辽朝盛世，又聪明伶俐，从小就接触到了儒家

文化，颇为推崇儒家思想，他结交了许多和尚僧人老道尼姑等朋友，对佛道教也有很深的理解。这样的人，一旦把心思用在正地方，也是不难成事的。他心里很清楚，母后能够摄政靠的并不是自身能力，而是诸舅舅们的支持，自己要想夺回皇权，也必须取得舅舅们的支持，所以，他把心思用在了诸舅舅们的身上。

事实也是如此，萧耨斤能够打败齐天皇后摄政，靠的不是自身能力，而是诸兄弟们的势力。更主要的是，萧氏诸兄弟也并非都是一些唯利是图、为虎作伥、窝囊废、下三烂之辈，其中也不乏有识之士和治国能臣，萧孝穆和萧朴便是其中的代表。

萧孝穆是萧耨斤长兄，也是继耶律休哥、耶律斜轸之后契丹族优秀的军事将领，他在辽廷出仕为官，虽与妹妹萧耨斤在宫中有关系，但关系并不是太大，更多的是靠自己的才干和奋斗。他在辽圣宗亲政时就已经累迁官至西北路招讨使都监，因平定阻卜诸部叛乱有功，迁官为北府宰相，赐忠穆熙霸功臣、检校太师、同政事门下平章事（1012 年，时萧耨斤还没有生下皇子耶律宗真，还没有与齐天皇后争权的资本），但是他并没有回朝赴任，而是在西北边境又镇守了八年，才回京城任职（1019 年）。又历任知枢密院事、汉人行宫都部署（1022 年），封燕王、南京留守、兵马都总管（1023 年）。

辽太平九年（1029 年），辽东京发生了渤海人大延琳反辽事件，辽圣宗在多次派兵征剿不果的情况下，任命萧孝穆为都统率军征讨，萧孝穆经过近一年征讨，终于将叛乱平息，因功晋封东平王，并出任东京留守继续处理东京地区的善后事宜。当时，东京地区受大延琳反辽的影响，社会治安很是混乱，萧孝穆安抚接纳流民，为政务求宽松简便，百姓很快安定下来，社会秩序也步入正轨。

萧孝穆不仅才干出众，而且人品正直，洁身谨慎，谨守礼仪

法度，深得辽圣宗的信任和重用，在临终前特意把他从东京诏到身边托付后事。萧耨斤在摄政前曾有废立皇帝的想法而没有实现，这里面肯定是萧孝穆发挥了作用。同时，萧孝穆的二女儿嫁给韩德让五弟韩德威之孙耶律（韩）元佐（即小说《杨家演义》中的大耳韩昌之子）为妻，是齐天皇后表侄媳妇。从这层关系来讲，萧孝穆与齐天皇后是亲家关系。以萧孝穆的人品，是绝不会帮助妹妹萧耨斤迫害齐天皇后的。不过，萧孝穆毕竟是萧氏家族中的主要人物，或许是从萧氏家族利益考虑，对妹妹萧耨斤胡作非为、迫害齐天皇后及疯狂捕杀所谓的齐天皇后同党的行为，并没有过多地加以制止。但是，他对妹妹的所作所为肯定是很看不惯，或多或少地加以限制或避而远之。萧耨斤也深知长兄萧孝穆在家族中的地位，因此极尽心思加以笼络。在儿子耶律宗真即位后，便将长兄萧孝穆的女儿萧挞里纳入宫中，摄政后更是经常赐给长兄一些金银珠宝，但萧孝穆都推辞不受，并教育妻子儿女要夹起尾巴做人，不得骄横霸道。

萧朴也是国舅少父房萧阿古只后裔，与萧耨斤是同祖（萧阿古只）异支，其父与辽圣宗是诗友，善于写文章。萧朴深受其父影响，自小老成持重，及长博学多智。辽圣宗亲政后（1009年），萧朴出仕为官，历任牌印郎君、南院承旨、权知转运事、南面林牙。辽圣宗曾向萧朴问政，萧朴劝说辽圣宗要关心百姓疾苦，辽圣宗高兴地说："我得人矣！"（《辽史》）遂提拔其为左夷离毕，历任太子太傅（1023年）、北府宰相（1024年）、北院枢密使（1025年），位居百官之长。萧朴在出任北院枢密使之前，曾去探望病重的北院枢密使萧合卓。萧合卓对萧朴说："我死，你必为北院枢密使，千万不要举荐才能超过你的人。"（《辽史》）萧朴听后，对萧合卓很是鄙视，由此可见萧朴的人品。

萧朴出任北院枢密使时，辽圣宗一支已经传承了五代人，即太祖皇帝（一代）、人皇王耶律倍（二代）、世宗（三代）、景宗（四代）、圣宗（五代），可谓是人口众多，支系庞大。辽圣宗又是一个汉文化素质较高、喜欢舞文弄墨的皇帝，根据中原的五服之说，想撰写家谱，以区分嫡庶。但是，可想而知，谁也不愿意被清理出皇帝家族。因此，一时间，皇族人都千方百计想进入皇帝家谱，有的甚至冒充皇族人，想混入皇帝家谱，由此而引发了许多诉讼案件。

萧朴对这些案件的处理很是得当，上合皇帝心意，下体当事人的心愿，将案件一一解决，使"皇帝家务事"圆满地画上了一个句号，萧朴也因功被赐为阆陵郡王，不久又晋封恒王，加中书令。

俗话说，清官难断家务事，而萧朴却把皇帝的家务事处理的条理分明，这足以说明萧朴是一个很了不起的人物。他对齐天皇后的遭遇极为同情，对萧耨斤的种种做法极为不满，曾多次劝说萧耨斤不要这样对待齐天皇后。不料，这却惹火了萧耨斤，把时任北院枢密使的萧朴撇在一边，而把朝政委托给弟弟萧孝先处理，并暗地里将齐天皇后处死，为此萧朴气得吐血。

齐天皇后被害之后，萧朴又多次为其申冤，想使其被害后，能有个公正的评价。萧耨斤对此不但不理，而且还免去萧朴北院枢密使之职，将其调任东京留守。

从中不难看出，萧孝穆和萧朴是萧氏兄弟中比较正直的两人，也是辽兴宗可以争取和利用的两个人。辽兴宗自然也清楚这一点，也把主要心思用在了这两个人身上。为了争取萧孝穆支持自己，他还与其做了一笔政治交易——萧孝穆支持辽兴宗夺回皇权，辽兴宗册封萧孝穆女儿萧挞里为皇后。

萧孝穆和萧朴都是正直之臣，在事关国家根本的问题上，自

然都选择了维护皇权。辽兴宗得到这两兄弟的支持后，又在母后所亲信的两个人身上动了心思，一个是赵安仁，一个是耶律喜孙。

赵安仁本是一个太监，曾被萧耨斤所收买，成为其在后宫中监视齐天皇后的眼线。后来他见萧耨斤与齐天皇后的斗争越来越激烈，害怕给自己招来横祸，便想逃到宋朝，结果被抓了回来。齐天皇后得知此事后，气得想处死他，萧耨斤出面干涉才又救下他的性命。但是，赵安仁并没有因此而对萧耨斤死心塌地，而是处处给自己留着后路，当辽兴宗找到他表明夺回皇权的心意后，他立即表示支持，反过来成为辽兴宗在萧耨斤身边的眼线，萧耨斤的一举一动，辽兴宗都能马上得知。

耶律喜孙是辽兴宗幼时陪读，因此得以自由出入齐天皇后宫中。但他也被萧耨斤所收买，成为其在齐天皇后宫中的眼线。辽圣宗病逝后，正是耶律喜孙在萧耨斤的指使下，诬告北府宰相萧浞卜和驸马都尉萧匹敌等谋反，牵连齐天皇后，从而成就了萧耨斤打败齐天皇后摄政，耶律喜孙也因功更加得到萧耨斤的宠幸。可随着时间的推移，耶律喜孙也看不惯萧耨斤的所作所为，转而支持辽兴宗夺回皇权。

接下来，辽兴宗又在如何夺回皇权方面进行了周密计划，一切准备就绪后，就等时机成熟，而这样的时机也很快到来。

或许是辽兴宗的逆反心理触怒了萧耨斤，抑或是其想夺回皇权的活动被母后得知，总之，就在辽兴宗图谋夺回皇权的同时，萧耨斤也在图谋着废掉辽兴宗改立次子耶律重元为皇帝。而耶律重元或许是因为年龄太小（时年只有13岁），还不知道皇权的重要性，因此把这一与自己政治生命息息相关的"绝密事件"转而告诉了兄长辽兴宗。

辽重熙三年（1034年）五月，即萧耨斤摄政的第四年（如果从辽圣宗病逝时算起，萧耨斤摄政整整三年），辽兴宗从弟弟耶律重元那里得知母后要废掉自己的消息后，不再犹豫，立即对母后出手了。按照计划，他先命人将舅舅萧孝先诏至行在。

萧孝先是萧氏诸兄弟中与姐姐萧耨斤关系最密切者，是靠着姐姐的关系才得以发迹。辽开泰五年（1016年）之前，他还只是

一个补祗候郎君，这一年姐姐萧耨斤生下皇子耶律宗真后，他便一跃而升任国舅详稳，后历任南京统军使、汉人行宫都部署、加太子太傅、上京留守、东京留守、复任上京留守。

辽圣宗弥留之际，萧孝先受姐姐萧耨斤之命率兵将皇帝行宫戒严，囚禁齐天皇后并逮捕屠杀所谓的齐天皇后同党，帮助姐姐成功摄政，因功晋封楚王，代替萧朴出任北院枢密使，成为百官之长；萧耨斤摄政后，萧孝先代理姐姐处理朝政，干起了皇帝工作，一手遮天，就是真皇帝辽兴宗也不放在眼里。可以说，萧耨斤的所作所为，包括废

立皇帝在内都是萧孝先的主意，有些甚至是萧孝先代劳的。由此不难看出，萧孝先是萧耨斤的主心骨和得力佐手，控制住萧孝先，就等于去掉了萧耨斤的左右臂。

辽兴宗心里自然清楚这一点，因此把萧孝先锁定为第一个制服的对象。当萧孝先来到行在后，辽兴宗直截了当向他表明了自己要夺回皇权的心意，并要求他当面表态。

萧孝先虽然平时不把辽兴宗放在眼里，可他做梦也没有想到辽兴宗敢于抢回皇权，一时慌了神，不知该如何回答。

辽兴宗见萧孝先犹豫不决，便恩威并举，向他讲明自己并无杀害母后及萧氏兄弟的想法，只是想夺回皇权而已，只要他支持自己夺回皇权，则可以保证他官位不失。

萧孝先听了辽兴宗的真实意图后，知道自己与姐姐废立皇帝的事情已经败露，再看看帐里帐外持刀而立的卫士，知道大势已去，如果不同意辽兴宗夺回皇权，性命就有可能不保，于是就默许了辽兴宗的行动（萧孝先的默许也是至关重要的，试想一下，如果萧孝先不同意的话，辽兴宗会采取什么样的措施呢？如果杀掉萧孝先，必然会引起萧氏诸兄弟们的反抗，从而激化矛盾，弄不好就会引起辽廷内乱）。

制服萧孝先后，辽兴宗心里有了底，便命耶律喜孙和赵安仁前往母后行宫，按计行事，自己则带领五百精兵，在距离母后行宫二里的小山上策应。

耶律喜孙与赵安仁是萧耨斤的亲信，出入萧耨斤的行宫，自然是不会受到阻止，两人见到萧耨斤，谎称庆陵有事，请她前往处理。

萧耨斤虽然对耶律喜孙和赵安仁深信不疑，但事起突然，还要问个究竟。

耶律喜孙和赵安仁平日里对萧耨斤唯唯诺诺，但这个时候却硬了起来，不由分说，连推带拉，将萧耨斤推拉到早已准备好的一辆用黄色布围拢着的车上，拉往庆陵（今赤峰市巴林右旗境内）囚禁起来。

辽兴宗在小山上见耶律喜孙和赵安仁得手，便命五百精兵分头行动，将萧耨斤的死党或逮捕入狱或处死或流放，一网打尽，如愿夺回皇权。

6. 外戚干政

从辽兴宗夺回皇权的过程来看，他夺回皇权似乎很容易，并没有费太大的周折，其实不然，这里面有许多复杂的因素。

萧耨斤的所作所为不得人心，是辽兴宗顺利夺回皇权的直接原因。萧耨斤摄政后的所作所为，不仅把大部分人推向自己的对立面，而且就连自己的兄弟及儿子也都远离她而去。从耶律重元把废立皇帝的事情告诉兄长辽兴宗来看，他很有可能对母亲的所作所为也很不满，因此才宁可不要皇位，也要把"秘密"告诉兄长；从萧耨斤在被囚禁之前没有得到消息来看，她已经成了孤家寡人，消息闭塞；从辽兴宗夺回皇权过程中，萧氏兄弟们没有反抗来看，萧氏诸兄弟中的一些主要人物（如萧孝穆、萧朴等），对萧耨斤所作所为也很是不满，因而在自己家族利益不受损害的前提下，任由辽兴宗夺回皇权；从萧耨斤的亲信耶律喜孙和赵安仁转而支持辽兴宗夺回皇权来看，萧耨斤的亲信也都背她而去。总之，萧耨斤的所作所为很不得人心，从而被人们所抛弃，这就使得辽兴宗夺回皇权成为必然。

辽朝皇族与外戚共同执政的政治制度是辽兴宗夺回皇权的深

层次原因。按照这一政治制度，耶律皇族执掌皇权，二国舅帐执掌后权。两族都认可这样一种权力关系，即耶律皇族是花为主；二国舅帐是叶为辅，二国舅帐绝对不可能取代耶律皇族执掌皇权。在这个前提下，倒是二国舅帐围绕着后宫之位展开了争斗，哪一帐入主后宫，哪一帐就与耶律氏皇族共同执掌朝政。

辽兴宗正是利用皇族与外戚共同执政的关系，对母后萧耨斤下手的。辽兴宗即位前就已经婆承天太后萧燕燕长女观音女与驸马都尉萧继先之孙女萧氏为妃，即位后册立为皇后。这个皇后萧氏属于乙室已氏国舅小翁帐人，自然是萧耨斤所在的拔里氏国舅帐所不允许的。但是，要废掉皇后萧氏，必须得到皇帝辽兴宗的同意，而萧耨斤与儿子辽兴宗的关系，又非常紧张，要废掉皇后萧氏也不是件容易的事（或许这也是萧耨斤谋划废立皇帝的一个原因）。

这就使辽廷局势出现了这样的局面：拔里氏国舅帐少父房（萧耨斤家族）要废掉乙室已国舅小翁帐的皇后萧氏（萧燕燕家族），夺回后宫之权，而辽兴宗不同意；辽兴宗要亲政，而萧耨斤不放皇权。

在这种局势下，萧孝穆则成为关键人物。他既是萧氏家族中的主要人物，也是辽廷重臣，能够左右萧氏家族局势和辽廷政局，更主要的是他的女儿萧挞里嫁给辽兴宗为妃，并生下了皇子耶律洪基（即辽道宗），有当皇后的优先条件。正因为此，辽兴宗才与萧孝穆做了一笔"政治交易"，从而稳定住了萧氏诸兄弟。事实也是如此，辽兴宗夺回皇权后，便兑现前言，废掉了原来的皇后萧氏，册封萧孝穆的女儿萧挞里为皇后，任萧朴为南院枢密使，萧孝穆为北院枢密使。这样一来，后权和辽廷中枢权柄都掌握在了国舅少父房手中。国舅少父房政治目的达到了，还企望什么呢？至于萧耨斤能不能够摄政并不重要了。退一步讲，就是立耶律重元当皇帝，皇权也还是掌握在耶律皇族手中。因此，只要后权和辽廷的中枢权柄回到国舅少父手中，他们不可能再去争不属于自己的皇权了。

另外，辽兴宗在夺回皇权的过程中没有大行杀戮，也是他顺利夺回皇权的一个关键因素。辽兴宗只是将母后萧耨斤迁到庆陵为父皇守陵，并没有将其杀死，也没有废除其法天太后之尊号，此举无疑缓和了耶律皇族与国舅少父房的关系，避免了双方矛盾的激化。随后，辽兴宗只是处死了党附于母后的群小人物，而对国舅少父房的主要人物都给予安抚。如册封萧孝穆的女儿萧挞里为皇后，任萧孝穆为北院枢密使，萧朴为南院枢密使。就是被萧耨斤倚为股肱之臣的萧孝先也没有受到太重的处罚，只是削去北院枢密使之职，改任南京留守，仍不失重位。至于萧耨斤的其他几位兄弟，如萧孝忠、萧孝友、萧孝惠等都是官职未降，有的还有高升。这样的安抚，萧氏诸兄弟们还能说什么呢！

总之，辽兴宗兵不血刃地夺回皇权，萧氏诸兄弟，即他的舅舅们发挥了重大的作用。但是，凡事都是一分为二的，有一利就有一弊。辽兴宗依靠舅舅们夺回皇权，而舅舅们也借机抓住辽廷大权不放。

辽廷政权机构实行的是北南两面官双轨制，北枢密院（简称北院）是北面官中的最高权力机构，南枢密院（简称南院）是南面官中的最高权力机构。按照"因俗而制"的原则，北面官主要负责诸部族事务，执掌兵权，北院枢密使是北面官中的最高行政长官，一般要由契丹贵族担任；南面官主要负责汉人和渤海人事务，不执掌兵权，南院枢密使是南面官中的最高行政长官，一般要由汉族人担任。

辽兴宗执政的25年间，担任北院枢密使的人有：萧朴、萧孝先、

萧孝穆（两任）、萧孝忠、萧孝惠、萧革、耶律宗政（耶律隆庆之子）；担任南院枢密使的人有：萧朴、萧孝惠、萧孝穆、萧孝友、萧革、耶律宗政。

从中不难看出，萧氏几兄弟几乎把持了北、南两院枢密使中枢要位。特别是南院枢密使一职，在辽王朝九帝中，也只有辽兴宗朝出现了没有汉人担任这一职务的特殊现象。这种现象充分说明辽兴宗一朝，外戚干政是相当严重的。

可想而知，在萧氏诸兄弟干政的情况下，辽兴宗的政令是很难畅通的，也是很难有所作为的。五年后（1039 年），他便又将

母亲萧耨斤接回京城（显然是受到了萧氏诸兄弟们的压力），而萧耨斤被囚禁五年，也没有什么悔改，虽然不再想摄政了，但却仍然在干政，甚至仍然在图谋着要用次子耶律重元取代辽兴宗。

这样一来，辽兴宗就更难施政了，久而久之，他便又回到"纨绔子弟"的老路上去了。这里有一个事例，足以说明辽兴宗的"纨绔子弟"习性。

辽兴宗经常邀请一些不三不四的"哥们姐们"到宫内饮酒作乐至深夜，届时诸妃子大臣们也都要到场同乐。有一次，辽兴宗又举办了这样一个酒会，酒喝到高兴处，便亲自下场跳舞唱歌与歌儿姐儿们同乐，并且命妃子们与尼姑互换衣服下场行乐。当时有一个妃子的父亲也在现场，觉得这样做太失体面，便劝阻了几句。不料，辽兴宗上前就给老丈人一拳，破口骂道："我尚且如此，你女儿算个什么东西。"

在行乐过程中，自然少不了赌博，辽兴宗是皇帝，赌注自然也要比别人的丰厚。辽兴宗经常与二弟耶律重元喝酒，酒醉后曾许诺将皇位传给二弟，自此耶律重元常以皇位继承人自居；辽兴宗还经常与二弟耶律重元赌博，以城池为赌注，有时一连输掉几座城池。而在场的大臣们怕得罪耶律重元这个"未来皇帝"，谁也不敢出来劝阻，最后还是一个叫罗衣轻的伶人出来劝阻，辽兴宗这才结束了与二弟的赌博游戏。这件事也从另一个侧面反映出辽兴宗对伶人的宠幸程度。

从史籍记载来看，辽兴宗并不是一个软弱无能的皇帝，他夺回皇权后便修订和颁布了《新定条制》（即重熙立法），统一了契丹国家法律；他乘宋与西夏战争之机，兵不血刃地从宋朝每年多拿20万岁币。这些都足以说明辽兴宗是一个有思想的皇帝，也想有所作为，但由于外戚干政，他又不得不受制于诸国舅，使他

的一些执政理念难以实现，由此又走向了"纨绔子弟"习性的另一端。

不过，辽兴宗对国舅握政局面并非一味地逆来顺受，而是采取了一些措施来改变这种局面，只是这些努力不仅没有从根本上改变外戚干政的局面，反而给自己的儿子辽道宗留下了一个党争的乱局。

YI XIN SHAN QUAN

第二章
乙辛擅权

十一月辛酉，皇后被诬，赐死；杀伶人赵惟一、高长命，并籍其家属。废皇太子为庶人，囚之上京。北院枢密使耶律乙辛遣其私人盗杀庶人浚于上京。

《辽史》

1. 党争乱局

辽兴宗为了摆脱外戚干政、萧氏诸兄弟握政的局面进行了一定的努力，其中措施之一，便是培植支持皇权的政治势力。他在皇族、汉官、外戚三大政治集团中，着意培植了一批人，以抗衡萧氏诸兄弟。至辽兴宗病逝时，在辽廷四要枢之位（北南院枢密使、北南府宰相）任职人员分别是萧革、耶律宗政、萧虚烈、耶律帖不。

萧革，拔里氏国舅帐大父房人，大父房在辽廷外戚五股政治派系（即四房、国舅别部）竞争中始终处于弱势，因此萧革祖辈中并没有官居显赫者。萧革生性机警，很会说话，善于阿谀奉承，在辽圣宗朝后期开始出仕为官。虽然官职不显，但却得了个能说会道、善于机变的名声，就连时在藩邸的辽兴宗都知道他的名声。辽兴宗夺回皇权后，为了摆脱萧氏兄弟握政的局面，开始提拔重用萧革。至辽兴宗朝末，萧革升任北院枢密使，为辽廷百官之长

（1052 年）。

耶律宗政，契丹名查葛，辽圣宗二弟耶律隆庆之长子，辽兴宗夺回皇权后，为了摆脱萧氏兄弟握政局面，将时任保静军节度使的耶律宗政调回朝中出任南府宰相（1036 年），后又历任大内惕隐、南院枢密使、南院大王，至辽兴宗朝末复任南院枢密使，为辽廷南面官之首（1052 年）。

萧虚烈，《辽史》无传，事迹散记于《辽史》本纪，拔里氏国舅帐少父房人，元妃萧耨斤弟（应为同父异母弟），辽圣宗朝累官至临海军节度使、殿前都点检。萧虚烈在辽兴宗朝前期任职情况不详，在萧孝忠、萧孝穆兄弟病逝时（公元 1045 年），他已

经官至侍中、南院统军使、封辽西郡王，成为萧氏诸兄弟（国舅少父房）中的又一代表人物，辽兴宗朝末晋封郑王，担任北府宰相（1052年）。

耶律帖不，辽圣宗三弟耶律隆裕之子，在辽圣宗朝封豫章王，官至长宁军节度使。辽兴宗朝前期任职情况不详，后期任西京（今山西大同）留守加封汉王（1048年）、中京留守、南府宰相（1050年）。

以上四职为辽廷中央第一（北、南院枢密使）、二（北、南府宰相）层次职官，其中国舅少父房只有萧虚烈一人，这与辽兴宗朝中前期情况（萧氏诸兄弟把持这四个职位）相比，发生了明显的变化。很明显，这种局面的形成，一方面是辽兴宗打压国舅少父房势力取得了成效；一方面是随着萧氏诸兄弟自然地相继离世（至辽兴宗朝末萧氏诸兄弟大多病逝），国舅少父房势力从鼎盛开始回落。

力是相互作用的，此力削弱，必然伴随着彼力的增长。随着拔里氏国舅少父房势力的人为或自然地削弱，辽廷各股政治势力也都得到了发展的机会。也就是说，辽兴宗削弱国舅少父房势力的措施，虽然取得了一定的效果，但也造成了辽廷新一轮党争局面的出现。

上文已经述及，辽廷主要有皇族、外戚、汉族三大政治集团，每个政治集团内又有若干政治派系，如皇族又分为横帐（辽太祖子孙）、三父房（辽太祖二伯父、三伯父、五兄弟家支）、二院（辽太祖祖父家支以外的皇族）三个政治派系，外戚分为拔里氏、乙室已氏、国舅别帐三个政治集团等等。

上述诸政治集团势力在辽兴宗朝末均有所发展，也都有代表人物出现。其中，横帐的代表人物中就有耶律重元父子。

耶律重元，辽兴宗二弟，原名耶律宗元，为避讳辽兴宗"宗真"

名字，而改为重元。耶律重元深受母亲萧耨斤的钟爱，在辽圣宗病逝时，萧耨斤便与诸兄弟预谋想立耶律重元为皇帝，后来又想废掉辽兴宗再立耶律重元为皇帝。因此，耶律重元始终是辽兴宗皇位的最大威胁者。

耶律重元的儿子耶律涅鲁古，更是一个权力欲非常强的人，对皇权的要求，比父亲耶律重元还要强烈，对皇位更有威胁。

三父房皇族的主要代表人物是耶律仁先，孟父房（即辽太祖二伯父耶律严木家支）人。孟父房是三父房中比较强势的一支，辽廷每个皇帝执政时期，孟父房都有很有作为的人物出现。如辽太祖朝耶律迭里（首任南院大王），辽太宗、辽世宗、辽穆宗三朝重臣耶律屋质（曾任北院大王、于越），辽景宗、辽圣宗两朝重臣耶律奚底（曾任北院大王）、耶律善补（曾任惕隐、南府宰相、南院大王）、耶律古昱（曾任北院大王）、耶律化哥（曾任北院大王、北院枢密使）、耶律弘古（曾任惕隐、南府宰相、南院大王、拜于越）、耶律马六（曾任惕隐、北院宣徽使）、耶律瑰引（曾任南府宰相）等。

耶律仁先魁伟爽秀，智力超人，辽兴宗夺回皇权后（1034年），耶律仁先开始出仕，历任护卫、值宿将军、殿前副点检、鹤刺唐古部节度使、北面林牙、北院枢密副使、同知南京留守事、契丹行宫都部署、北院大王、知北院枢密使、东京留守，晋封吴王。

二国舅帐的代表人物是萧阿剌、萧革、萧虚烈。萧阿剌是萧孝穆（国舅少父房）的儿子，辽兴宗皇后萧挞里的弟弟，辽道宗的亲舅舅，从小养在宫中，深得辽兴宗喜爱，历任枢密副使、同知北院宣徽使、加同中书门下平章事、北府宰相、国舅详隐、西北路招讨使，封西平郡王。

总之，辽兴宗朝末各股政治势力都有所发展，也都想在辽廷占据一席之地，从而使辽廷各股政治势力出现重新洗牌的局面。

辽兴宗在弥留之际，或许已经感觉到这种局面对儿子辽道宗不利，因此在临终前特意嘱咐辽道宗对有关人员进行调整。

辽道宗，名洪基，字涅邻，小字查刺，辽重熙元年（1032年）出生，辽兴宗嫡长子，母为仁懿皇后萧挞里（萧孝穆之女、元妃萧耨斤侄女），6岁册封梁王，获得皇位继承人资格；11岁晋封燕国王，到中丞司任职，开始基层工作锻炼；12岁总知北、南院枢密使事，加尚书令，晋封燕赵国王，为继承皇位做准备；21岁拜天下兵马大元帅，开始参与朝政，向父皇辽兴宗学习治国经验；24岁继承皇位（1055年）。

由于辽道宗过早地被确立为皇位接班人（6岁）并入朝参政（11岁），因此身边围拢了一帮奸佞之人，从而使辽道宗形成了好听奉承话的习惯，为其日后执政被奸佞之人所利用埋下了祸根。

辽道宗即位后，按照父皇辽兴宗的嘱咐对有关人员进行了第一次调整，主要涉及以下几人：册封耶律重元为皇太叔，免汉礼，觐见时特许不名；任命时任西北路招讨使的萧阿刺为北府宰相；北府宰相萧虚烈改任武定军节度使；上京留守萧孝友改任东京留守；东京留守耶律仁先改任同知南京留守事；涂孛特接替耶律帖不出任南府宰相。

很显然，这次人事调整是辽兴宗刻意安排的，具有一定的针对性。

耶律重元是辽兴宗胞弟，同时也是辽兴宗和辽道宗父子皇位的最大竞争者。辽圣宗病逝时，元妃萧耨斤就想废掉长子辽兴宗让次子耶律重元当皇帝，如果不是耶律重元把母亲萧耨斤准备废立皇帝的事情告诉了兄长辽兴宗，辽兴宗的皇位有可能就是耶律重元的。正为此故，辽兴宗夺回皇权后，对弟弟耶律重元格外亲切友好，甚至许愿自己百年后，把皇位传给弟弟耶律重元。耶律

重元也把皇帝哥哥的话当成了真的，虽然身为南京留守、知元帅府事，但在岗工作的时候并不多，更多的是跟在皇帝兄长辽兴宗身边，似乎是时刻等待着接皇帝班。同时，耶律重元自恃是"预备皇帝"，又有母亲萧耨斤及舅舅们的关照，难免要干出一些"出格"的事来。辽兴宗也是睁一只眼，闭一只眼，装着没有看见，任其所为。不过，辽兴宗并不是一个低能皇帝，心里当然明白弟弟耶律重元是自己皇位的最大威胁，或许是碍于兄弟情义，或许是投鼠忌器，畏惧母亲和舅舅们的权势，他并没有像父皇辽圣宗当年除掉皇位的威胁者耶律隆庆（辽圣宗二弟）那样，除掉弟弟耶律重元，而是对耶律重元采取了安抚之策。耶律重元也很知趣，从来也没有伸手抢夺过皇位。这样一来，辽兴宗虽然明知耶律重元是儿子辽道宗皇位的最大威胁者，却存有侥幸心理，不想让儿子辽道宗杀掉耶律重元，而是对其加官晋爵，仍然施以笼络和安抚之策。

萧阿剌和萧虚烈都是国舅少父房在辽兴宗朝末的代表人物，自然也是辽兴宗要继续打压的人物。不过，辽兴宗对萧阿剌却给予了重用，这有可能出于两方面原因：一是萧阿剌是辽道宗的亲舅舅，辽道宗刚刚即位，需要舅族势力辅佐；二是与萧阿剌的人品性格及才能有关系。

萧阿剌的父亲萧孝穆是萧耨斤的兄长，也是萧氏诸兄弟中人品较正，才能较高，对辽兴宗帮助最大的人。萧阿剌的性格很像父亲萧孝穆，人品忠正，敢于说真话，能够看清时势，办事果断，有经世治国之才。

辽道宗6岁时便被确定为皇位接班人，因此身边少不了奸佞之人，以期将来有所图。久而久之，辽道宗便养成了耳根子软，好听阿谀奉承话的习俗。辽兴宗自然清楚儿子辽道宗的缺点，怕其即位后被奸佞之人所包围和利用，因此让性格直爽、敢于说真话的萧阿剌出任北府宰相，以防止奸佞之臣把持朝政。

萧孝友是萧氏诸兄弟中在辽兴宗朝末任职最高的人，他由上京留守改任东京留守，显然也是让其远离皇都，为辽道宗创造宽松的执政环境。

耶律仁先任同知南京留守事，显然与耶律重元父子有关系。耶律仁先是继耶律休哥之后，契丹族又一优秀军事将领，为人正直，很得辽兴宗赏识。耶律重元时任南京留守，手握重兵，一旦有变，也只有耶律仁先能够牵制他。因此，辽道宗即位后，即调时任东京留守的耶律仁先任同知南京留守事，与耶律重元同掌南京兵权。

涂孛特，又名萧德、萧唐古，契丹楮特部人。楮特部是契丹

遥辇氏部落联盟八部之一，也是辽太祖建国后重组20个部落之一，是一个很特殊的部落。辽太祖担任可汗期间，发生"诸弟谋乱"事件，世选南府宰相职官的乙室已部（原与迭剌部为一部，遥辇氏部落联盟初期一分为二）卷入其中，部落几乎解体。辽太祖平息叛乱后，任命楮特部酋长代行南府宰相之权（913年）。由此可见，楮特部深得辽太祖信任，同时也说明，楮特部在诸部中是一个比较强势的部落，其部落首领往往被辽廷皇帝委以重任。辽道宗的老师萧惟信便是楮特部人，其五世祖就曾担任过辽廷南府宰相（任职时间当在辽太祖、太宗两朝）。涂孛特在辽兴宗朝就已经出任北院枢密副使，并深得辽兴宗信任，由涂孛特（即萧唐古、萧德）接替耶律帖不出任南府宰相，显然是想让其辅佐辽道宗。

耶律帖不虽然是辽兴宗特意培植起来以抗衡国舅少父房势力的人，但他与耶律重元走得很近，因此才被涂孛特所取代。

辽道宗第一次人事调整是按照父皇辽兴宗的嘱咐进行的，因此进行得比较顺利。第二年他又进行了第二次人事调整（1056年），规模也比较大。要枢岗位的人员变动情况是：萧阿剌代替萧革为北院枢密使；耶律仁先代替耶律宗政为南院枢密使；萧孝友接替萧阿剌出任北府宰相；耶律宗政改任上京留守；耶律重元为天下兵马大元帅。

通过这次人事调整，辽廷要枢之位的人员配备应该说还是比较合理的。辽廷中央第一权力阶层是萧阿剌（北院枢密使）和耶律仁先（南院枢密使），这两人人品正，能力强，办事公，是合格的人选。第二权力阶层是萧孝友（北府宰相）和涂孛特（南府宰相），萧孝友虽然能力不太高，但他是国舅少父房的代表人物，担任北府宰相满足了拔里氏国舅少父房的权力需求。涂孛特（萧唐古、萧德）是皇权的忠实拥护者，又很有能力。耶律宗政和耶律重元是横帐的代表人物，一个出任上京首都最高军事行政长官上京留守，一个出任辽王朝最高军事首长天下兵马大元帅，也满足了各自政治派系的权力需求。

但是，这次人事调整却惹火了一个人，那就是萧革。萧革本是辽兴宗特意提拔起来对抗国舅少父房势力的人，但他却是一个见风使舵、善于阿谀奉承之人。一旦官居显位，自然就要得宠专权，不把同僚们放在眼里，一切事情皆由自己说得算。当时担任南院宣徽使的耶律义先（耶律仁先二弟），就曾上言谏劝辽兴宗："萧革是奸佞之人，重用此人，将要给国家带来祸患。"但辽兴宗并没有听从劝谏，仍然对萧革信任有加。又有一次，百官宴饮，辽兴宗命耶律义先与萧革对博，输者饮酒。耶律义先当场拒绝："臣纵使不能进贤除奸佞，但也决不与国贼博戏。"辽兴宗见耶律义先如是说，只好敷衍道："你喝醉了。"耶律义先却借机大骂萧革是奸佞之徒，祸国殃民。萧革在一旁虽然笑脸相迎，但是内心里却恨死了耶律义先。由此可见，萧革在辽兴宗朝奸佞之形就已经暴露无遗。

萧革在这次人事调整中，由北院枢密使改任知北院枢密使事，为萧阿剌副手，心里自然不服，开始与萧阿剌对着干。两人经常在朝堂之上发生口角，在辽道宗和百官面前发生争执。

俗话说，忠言逆耳，谀语好听，这话一点不假。萧阿剌性格忠直，说话自然是慷慨陈词，言辞激烈；萧革奸佞，说话多察言观色，阿谀奉承。习惯于听阿谀奉承之语的辽道宗自然是偏向萧革。由此辽廷进入萧革擅权时间段。在随后的几年间，辽廷要枢之位（北南院枢密使、北南府宰相）人员变动频繁，最终萧阿剌被萧革谗言所杀（1061年），辽道宗身边遂被奸佞之人所包围，从而为耶律重元谋乱创造了条件。

2. 耶律重元叛乱

耶律重元是辽圣宗嫡次子、辽兴宗胞弟，生母为元妃萧耨斤，自然也有当皇帝的资格。由于他将母亲萧耨斤与诸兄弟废立皇帝的事情告诉了兄长辽兴宗，因此得到辽兴宗的特殊宠幸，历任北院枢密使、南京留守、知元帅府事。为了感激弟弟，辽兴宗还册封耶律重元为皇太弟（具有皇位继承权），并且酒后承诺自己百年后把皇位传给弟弟。虽然是酒后承诺，有酒多失言之嫌，但耶

律重元却把这当成了真的。他担任军队要职，却很少管军队上的事，更多的时间是跟在皇帝兄长辽兴宗屁股后面转，似乎是在时刻准备着接皇帝的班，就连宋廷都知道耶律重元是辽兴宗之后皇位继承人。

辽重熙二十三年（1054年）九月，即辽兴宗病逝前一年，宋使王拱辰出使辽廷，在接待宴会上，萧耨斤当着诸大臣的面故意问王拱辰，宋太祖与宋太宗是什么关系，王拱辰如实回答说是兄

弟关系。萧耨斤听后感叹地说道，好啊！这哥俩多讲兄弟情义呀！暗示辽兴宗应该将皇位传给二弟耶律重元。

辽兴宗也不傻，听出母后话中有话，接着故意问王拱辰宋太宗与宋真宗是什么关系。王拱辰又如实回答说是父子关系。辽兴宗感叹地说，这才合乎礼仪。意思是皇位父子相传才合乎礼仪。

酒席散后，辽兴宗又私下里对王拱辰说，我有一个弟弟（耶律重元），如果将来当了皇帝，恐怕南朝就没有好日子过了。

从这件事情不难看出，萧耨斤想让次子耶律重元继承皇位已经是"公开的秘密"，辽兴宗对此也心知肚明。但是，他并没有对此采取断然措施，而是将这个政治对手又留给了儿子辽道宗。

耶律重元在兄长辽兴宗在世时便对皇位虎视眈眈，但在辽兴宗病逝时却没有伸手抢夺皇权，主要缘由有两个方面，一是耶律重元想靠母后萧耨斤和舅舅们为自己抢回皇权，不料萧耨斤在辽兴宗病逝时也病入膏肓，心有余而力不足，两年后病逝（1057年）。耶律重元的诸多舅舅们，在辽兴宗病逝时只有萧孝友和萧孝惠还活在世上。萧孝友当时虽然任上京留守，但却到了垂暮之年，帮不上耶律重元太大的忙。萧孝惠是萧氏诸兄弟中活的年龄最大的一个，辽道宗即位时他71岁，已经退休在家，第二年便病逝。更主要的是辽道宗即位后便册封萧孝惠女儿萧观音为皇后，萧孝惠家支（时萧孝惠之子萧虚烈任北府宰相，即被萧阿剌取代之人）自然是辽道宗的支持者，不可能帮助耶律重元抢夺皇权。二是耶律仁先和萧阿剌被提拔到辽廷要枢岗位任职，耶律重元不敢贸然行事。

萧阿剌被杀后（1061年），辽道宗在皇太后萧挞里（萧孝穆之女，萧阿剌姐姐）及国舅少父房的压力下，免除了萧革之职（1062年）。萧革被免职后，因其子是耶律重元的女婿之故，也暗中倒向耶律重元一边。更主要的是接替萧革出任北院枢密使一职的萧图古辞，也是一个奸佞小人，其奸佞程度与萧革相比更是有过之而无不及。

辽道宗杀死自己的亲舅舅萧阿剌之后，耳边没有了逆耳忠言，也落了个清静，更加宠信萧图古辞，而萧图古辞借机弄权，卖官鬻爵。耶律重元则投其所好，将自己的亲信充斥辽廷各机构及军队之中，为夺取皇权做着积极的准备。

耶律重元虽然对皇权虎视眈眈，但他毕竟经历的事情比较多，特别是母后萧耨斤及诸舅舅们相继去世后，对夺取皇权这样谋逆掉脑袋的事情更加谨慎，想等时机成熟时再起事。可他的儿子耶律涅鲁古不仅心狠手辣，而且权力欲非常强，不断鼓动父亲耶律重元以兵抢夺皇权。

耶律涅鲁古在萧阿剌被杀后（1061年），由武定军节度使调回朝中任知南院枢密使事，与朝中同党在一起的机会多了，接触皇帝辽道宗的机会也多了，便加快了抢夺皇权的步伐。但由于耶律仁先时改任北院大王，手握精锐之师，他还是不敢贸然行事。于是就联络一些同党上书让耶律仁先出任西北路招讨使，想将其调离朝堂，因耶律乙辛的阻止，辽道宗没有批准。耶律涅鲁古见一计不成，便又来一计，说服父亲耶律重元邀请辽道宗到府中饮酒，然后寻机刺杀，结果又阴错阳差地没有实现。

辽清宁九年（1063年）七月，辽道宗到滦河岸边的太子山秋捺钵，耶律涅鲁古见辽道宗行宫人马不多，便鼓动父亲借机起兵攻打皇帝行宫，杀死辽道宗夺取皇位。耶律重元遂听从儿子的建议，命人通知同党领兵前来太子山行事。

耶律重元父子的阴谋被耶律良得知，立即告诉了皇太后萧挞里。耶律良时为管理皇太后宫诸局官员，又是辽道宗的诗友，对辽道宗的性格很是了解，他深知辽道宗对耶律重元很是信任，如果直接把耶律重元父子谋反的事情告诉辽道宗，他肯定不会相信，

于是就告诉了皇太后萧挞里。果然，皇太后将这一事情告诉辽道宗时，辽道宗不仅没有相信，还把耶律良狠狠地批评了一顿，说耶律良挑拨他们叔侄关系。

耶律良申辩说，为了求证此事，可派人前去召耶律重元父子来行宫觐见，如果他们父子敢来，那我说的就是假话，皇帝可以治我的罪，如果他们父子不敢来，那事情就真相大白了。

皇太后萧挞里也说，事关皇权，不可大意，应早做准备。辽道宗这才重视起来，派人去召耶律重元父子来行宫觐见。

耶律重元父子正在紧锣密鼓地准备起事，见皇帝突然派人来召自己，立即心惊起来，知道自己谋反的事情已经暴露，便把辽道宗派来的信使扣压起来，急忙召集死党商量对策。

辽道宗信使借耶律重元父子开会，对自己看管松懈之机逃回了皇帝行宫。辽道宗这才感到事态的严重性，立即把耶律仁先叫来商量应变事宜。

耶律仁先已转任南院枢密使，这次也随皇帝来到太子山行宫。他早就对耶律重元谋反有所防备，建议立即派兵前去逮捕耶律重元父子，辽道宗于是命耶律仁先执行此项任务。不料，耶律仁先没等动身，耶律重元父子便率兵杀到行宫。

原来，耶律重元父子见事情已经败露，决定先下手为强，立即起事，率领已经到达的近千名叛军杀向皇帝行宫。

辽道宗见叛军杀到行宫，吓得赶紧上马想逃到附近的北、南两院大王驻地避难。耶律仁先上前抓住辽道宗的马缰绳阻止说，皇帝离开卫兵而去，叛军一定会追击，这样一来我们就被动了，况且北、南两院是否参与了叛乱尚且不知，怎能贸然前往险地呢！辽道宗这才醒悟过来，命耶律仁先全权负责镇压叛军。

耶律仁先立即命令侍卫人员把车辆组织起来环车以营，命令行宫的后勤人员拆掉周边的栅栏做兵器，保护皇帝行宫。与此同时，驻扎在周边的官员们也得到消息，纷纷率领近卫人员赶来勤王，双方互相射箭，形成对阵局面。

耶律涅鲁古见辽道宗这边人员越聚越多，时间一长对自己不利，便率领叛军冒箭冲了上去，不料，刚冲到半路，便身中箭羽落马身亡。

叛军见耶律涅鲁古中箭身亡，一时大乱，纷纷退了回去。耶律重元也身中一箭，见儿子死了，心里懊恼，又见天色已晚，便

想停止进攻。

就在这时，叛军的另一重要成员萧撒剌竹率部分人马赶到现场，见耶律重元想停止进攻，便阻止说此时停止进攻必败无疑，皇帝行宫那边人马不多，只有继续进攻事情才有成功的希望。但耶律重元认为自己一方人马众多，明日再战也不迟，加之儿子死了，无心思再战，就没有听萧撒剌竹之言，而是下令停止进攻，待明日天亮再战。这样一来，双方就有了一夜的准备时间。

在这一夜的时间里，双方也都有所行动，但行动的目标却有所不同。耶律仁先连夜派人到各地召集勤王之兵；耶律重元则连夜登基当了皇帝，并任命了有关大臣。

就这样，天渐渐地亮了。

耶律重元当了皇帝，精神头也来了，率领叛军再次来到辽道宗行宫前准备进攻。此时，就双方的兵力而言，耶律仁先虽然连夜派人召集勤王之兵，可到天亮时也只有驻扎在附近的北院兵马赶到，兵力要少于叛军。但是，耶律仁先毕竟是兵家里手，见叛军以奚族猎人为多，猜测这些人大多是被胁迫而来，于是没有急于进攻，而是展开了分化瓦解工作，命人向叛军喊话，只要放下武器投降，便既往不咎。

这一招果然见效，叛军多为胁迫而来，一听有这样的好事儿，便纷纷下马放下了武器，耶律仁先乘机挥军掩杀过去。

叛军心理本来就很复杂，见耶律仁先挥军杀了过来，一些叛军掉头就跑，死心塌地叛乱的则仓促应战，双方激战一番，叛军溃败而去。

耶律重元逃到大漠，自知无有出路，长叹一声：涅鲁古（耶律重元儿子）使我至此。然后，自杀身亡。

这次叛乱给辽廷造成的损失是巨大的，参加叛乱的人员有辽廷重臣、军队将领、部族首领、各级政府官员等。辽道宗对这次叛乱的处理也是非常严厉的，包括萧革、萧孝友在内的一些参与叛乱的辽廷重臣都被处死，从而造成各级政府官员的缺额。辽廷

不得不对官员岗位做出调整，而在这次官员调整中，终辽一世最大的奸臣耶律乙辛走上了要枢之位。

3. 耶律乙辛其人

耶律乙辛是终辽一世最大的奸臣，他杀死一个皇后、一个太子、一个太子妃、诸多大臣，擅权达 17 年之久。《辽史》共辑录奸臣

11 人，他位列第一，那么，耶律乙辛到底是一个什么样的人呢？

耶律乙辛是北院大王派人，祖上也是耶律氏皇族，但到他父亲耶律迭剌这辈时，已经是家境败落，连吃饭都成问题，时人称为"穷迭剌"，耶律乙辛就是出生在这样的家庭里。但是，关于耶律乙辛却有几个奇异的传说：一是说耶律乙辛的母亲怀乙辛时，曾做了一个梦，梦见自己与一只公羊搏斗，把公羊的两角和尾巴都拔掉了，梦醒后找算卦先生卜卦，算卦先生说这是吉卦，羊去角尾为"王"字，如果你所生是男当为王；二是说耶律乙辛出生在父母徙牧途中，当时没有水给他洗浴身子，父母正在着急，车辙中就突然冒出水来，其父高兴地想喝酒，草丛里就又突然冒出两坛上好的酒来；三是耶律乙辛有一次外出放羊过晌不归，父亲到外面去找他，发现他正躺在草地里睡觉，便上前将他叫醒，不料耶律乙辛醒后不高兴地说，刚才我梦见有一个人给我吃月亮和太阳，月亮已经吃完，正在吃太阳，刚吃到一半你就把我叫醒了，真是太可惜了。父亲觉得儿子不是一般人，从此后再也不让他放羊了。

这样的传说显然是后人杜撰，目的是为了附和耶律乙辛后来位极人臣、擅权朝政。

耶律乙辛长大后，一表人才，外表和气，内心狡诈，长了一副十足的大奸之相。这样的长相，使他在仕途上一路顺风。他的第一个工作是在皇宫某一部门，由于管理印章，有机会出入皇宫办

事，得到了皇太后萧挞里的青睐，调他进宫管理笔纸砚台，由此接触到皇帝辽兴宗。辽兴宗见耶律乙辛相貌堂堂，也颇为喜爱，又提拔他当了侍卫队队长，由此又结识了时为太子的辽道宗。辽道宗即位后也没有忘记耶律乙辛，赐给他汉人奴隶40户，逐渐提拔为北院同知、枢密副使、南院枢密使（1059年），耶律乙辛由此进入辽廷决策层。

辽清宁七年（1061年），耶律乙辛改任知北院枢密使事，晋封赵王。不久，萧阿剌被杀，耶律涅鲁古（耶律重元之子）上书建议把耶律仁先调任西北路招讨使，为自己篡夺皇权清除障碍，辽道宗不知是计便想同意。

此时的耶律乙辛与耶律仁先站在一个阵营里，并把其当作自己的保护伞，便站出来阻止说自己刚到北院工作，还没有头绪，耶律仁先是先朝旧臣，不宜调离朝堂。辽道宗遂听信了乙辛之言，没有调耶律仁先去西北守边，从而粉碎了耶律重元父子一次夺权阴谋。

耶律重元父子在太子山皇帝行宫起兵夺取皇权时，耶律乙辛也在现场，并积极参与了平叛，以功复任南院枢密使，与耶律仁先同掌朝政。

从耶律乙辛出仕到平定耶律重元父子叛乱复任南院枢密使这段履历来看，他并没有做什么坏事，而且还是皇权的忠实维护者，是以耶律仁先为代表的辽廷正义派的支持者。但是，这或许就是大奸之人的奸相之所在，这样的人在攫取最高权力之前，往往夹着尾巴做人，装作正义者的化身，以博取上级和同僚们的赞许，目的是给自己接着往上爬铺路，一旦攫取最高权力，便暴露出奸佞之相，开始弄权整人，祸国殃民。

耶律乙辛出任南院枢密使后，因曾经阻止耶律涅鲁古把耶律

仁先调离朝堂，从而更加得到辽道宗的信任，也开始弄权，干一些不法之事。

耶律仁先因平定耶律重元父子叛乱有功，提升为北院枢密使、加于越、晋辽王，不仅位居百官之首，而且勋爵显著，又为人正直，对耶律乙辛一些不法行为多加以限制。而此时的耶律乙辛大权在握，又得到皇帝的宠幸，并不把耶律仁先放在眼里，便想方设法排斥耶律仁先，经常在辽道宗面前奏耶律仁先的本。辽道宗自小就喜欢听阿谀奉承话，对耶律乙辛深信不疑，便将耶律仁先调离朝堂，出任南京留守，提拔耶律乙辛为北院枢密使，并晋封魏王（1066 年），位居百官之首。

从此辽廷进入耶律乙辛擅权时间段。在此后的 10 年间，耶律乙辛排挤、杀害忠良，培植亲信党羽，其死党充斥辽廷各级政府机关及军队，他也应了"食月亮吃半个太阳"的梦兆，当了皇帝辽道宗大半拉家。

但是，随着太子耶律浚处理朝政，耶律乙辛的权力受到了限制，心里自然是有所不甘，为了扳倒太子，竟然把黑手伸向了皇后萧观音。

4. 诗人皇后萧观音

萧观音，小字观音，出生于辽重熙九年（1040 年），父亲萧孝惠（元妃萧耨斤之弟，拔里氏国舅帐少父房人），母亲为辽圣宗与元妃萧耨斤所生次女槊古（萧孝惠是槊古的舅舅，两人是典型的舅甥婚），辽重熙二十二年（1053 年）嫁给时为燕赵国王的辽道宗为妃（萧观音是辽道宗的表姑），辽清宁元年（1055 年）册为皇后，辽清宁四年（1058 年）为辽道宗生下独子耶律浚。

　　萧观音姿容端丽，擅长词曲，尤其擅长弹奏琵琶，与同样擅长诗词的辽道宗有着共同的兴趣爱好。

　　辽清宁二年（1056 年），即辽道宗即位的第二年，年仅 16 岁的皇后萧观音跟随夫君辽道宗一起秋猎，辽道宗让皇后即兴赋诗，萧观音脱口而出：

　　　　"威风万里压南邦，东去能翻鸭绿江；

　　　　灵怪大千俱破胆，那教猛虎不投降。"

　　此诗读来朗朗上口，意思明了：大辽国南压北宋、东慑高丽，连鬼神都闻风丧胆，那藏在林中的老虎怎能不乖乖地投降呢！

　　辽道宗看了皇后的诗后，兴奋不已，将诗传于诸随从大臣观看，并说道："皇后可谓女中才子。"（《辽史》）

或许是受到皇后诗句的鼓励，辽道宗在第二天射猎时果然射得一虎，高兴之余还没有忘了皇后的诗，对随从说道："朕射得此虎，可谓不愧后诗。"

辽清宁三年（1057年），辽道宗又作《君臣同志华夷同风诗》赐予皇后萧观音，萧观音也作诗和唱：

"虞廷开盛轨，王会合奇琛；
到处承天意，皆同捧日心。
文章通鹿蠡，声教薄鸡林；
大宇看交泰，应知无古今。"

萧观音在诗中把丈夫辽道宗比作古代的尧舜，称赞大辽盛世古今独有。可谓是夫唱妇随，相得益彰。但是，这样的生活被耶律乙辛破坏了。

辽大康元年（1075年），太子耶律浚总领北、南枢密院事，开始处理朝政，耶律乙辛的权力受到限制，心里很是不甘，为了扳倒太子，他把黑手伸向了皇后萧观音。

耶律乙辛之所以敢把黑手伸向萧观音，与辽廷的政治斗争有着直接的关系。

辽兴宗为了摆脱萧氏兄弟握政的局面，采取了诸多措施打压国舅少父房势力，虽然收到了一定的效果，但到他病逝时，国舅少父房势力仍然很强大。诸如皇太后萧挞里、皇后萧观音都是国舅少父房人，北府宰相一职也始终由国舅少父房把持着。辽道宗即位后，继承了父皇的思想，对国舅少父房势力继续给予打压，接着重用萧革、耶律仁先等辽兴宗刻意提拔起来的、用以抗衡和打压国舅少父房的人物，甚至不惜杀死自己的亲舅舅萧阿刺。当

萧革被免职后，辽道宗开始培植新的可以抗衡国舅少父房的政治势力，而耶律乙辛就是他刻意提拔起来以抗衡国舅少父房势力的人物。

耶律乙辛自然也清楚这一点，因此才敢对皇后萧观音下手的。他深知国舅少父房（即太子耶律浚舅族）是太子的靠山，只要国舅少父房势力存在，要扳倒太子就不是一件容易的事情，而皇后萧观音又是国舅少父房的代表人物，只要除掉皇后萧观音，国舅少父房势力就会严重削弱，到时再扳倒太子就容易了。

为达到这一目的，耶律乙辛开始在辽道宗面前奏国舅少父房的本，诸如国舅少父房想架空皇帝，让太子执掌朝政，进而控制皇权等等。辽道宗始终对国舅少父房重新握政有着戒备心理，再加上耶律乙辛能说会道，所说出的话如同真的一般，便相信了耶律乙辛的话，开始疏远冷落皇后萧观音。

萧观音对丈夫的感情很深，见夫君突然冷落了自己，心里自然受不了，便天天盼着夫君能够回心转意，为此还特意作了一首《回心院》词，以抒心意。全词如下：

"扫深殿，闭久金铺暗；

游丝络网尘作堆，积岁青苔厚阶面。

扫深殿，待君宴。

拂象床，凭梦借高唐；

敲坏半边知妾卧，恰当天处少辉光。

拂象床，待君王。

换香枕，一半无云锦；

为是秋来展转多，更有双双泪痕渗。

换香枕，待君寝。

铺翠被，羞杀鸳鸯对；

犹忆当时叫合欢，而今独覆相思块。

铺翠被，待君睡。

装绣帐，金钩未敢上；

解却四角夜光珠，不教照见愁模样。

装绣帐，待君贶。

叠锦茵，重重空自陈；

只愿身当白玉体，不愿伊当薄命人。

叠锦茵，待君临。

展瑶席，花笑三韩碧；

笑妾新铺玉一床，从来妇欢不终夕。

展瑶席，等君息。

剔银灯，须知一样明；

偏使君王生彩晕，对妾故作青荧荧。

剔银灯，待君行。

爇薰炉，能将孤闷苏；

若道妾身多秽贱，自沾御香香彻肤。

爇薰炉，待君娱。

张鸣筝，恰恰语娇莺；

一从弹作房中曲，常和窗前风雨声。

张鸣筝，待君听。"

　　这首《回心院》把萧观音盼望和等待夫君归来的心情写得淋漓尽致，但是，并没有唤回辽道宗的心，却在宫里传唱开来，由于词写得太好了，只有宫里的乐师赵惟一能够弹唱。萧观音为解寂寞惆怅心境，便与赵惟一经常在一起弹唱这首《回心院》，结

果被耶律乙辛所利用。

耶律乙辛通过在宫中的眼线得知萧观音经常与赵惟一在一起弹唱《回心院》，甚至是到深夜，便邪心顿起，找人仿照《回心院》格式，作了一首《十香词》，送给萧观音誊写。《十香词》全词如下：

"第一香：发香

青丝七尺长，挽出内家装；

不知眠枕上，倍觉绿云香。

第二香：乳香

红绡一幅强，轻阑白玉光；

试开胸探取，尤比颤酥香。

第三香：腮香

芙蓉失新艳，莲花落故妆；

两般总堪比，可似粉腮香。

第四香：颈香

蝤蛴那足并，长须学凤凰；

昨宵欢臂上，应惹领边香。

第五香：吐气香

和羹好滋味，送语出宫商；

定知郎口内，含有暖甘香。

第六香：口脂香

非关兼酒气，不是口脂芳；

却疑花解语，风送过来香。

第七香：玉手香

既摘上林蕊，还亲御苑桑；

归来便携手，纤纤春笋香。

第八香：金莲香

凤靴抛合缝，罗袜卸轻霜；

谁将暖白玉，雕出软钩香。

第九香：裙内香

解带色已颤，触手心愈忙；

那识罗裙内，消魂别有香。

第十香：满身香

咳唾千花酿，肌肤百和装；

无非啖沉水，生得满身香。"

这首《十香词》用暧昧的词语，从发香、乳香、腮香、颈香、

吐气香、口脂香、玉手香、金莲香、裙内香、满身香等十个方面，描写了一个女人的风韵，其实描写的是男女偷情的经过和感受，其中"解带色已颤，触手心愈忙"把一对男女偷情时的心理描写得淋漓尽致，如果不是亲临其事很难有如此想象力。因此有研究者认为《十香词》确是萧观音为赵惟一所作，也就是说萧观音与赵惟一确实有偷情一事。抛开"他意"不说，这首《十香词》也应算作是词中上品，与《回心院》同为辽词中的代表作。

耶律乙辛通过宫内眼线，将这首《十香词》递到萧观音手中，谎称是宋朝皇后所作，让萧观音誊写一份，以成南北璧合。其真实用意是造成《十香词》是萧观音为情人赵惟一所作，以此作为两人私通的证据。

萧观音本为诗人，又被夫君所冷落，心里郁闷惆怅，立即被这首《十香词》所吸引和感染，也没有多想，便誊写了一份，之后仍然抑制不住激动的心情，又在词后和了一首《怀古》诗：

"宫中只数赵家妆，败雨残云误汉王；
惟有知情一片月，曾窥飞燕入昭阳。"

诗的前两句是通过汉成帝与宠妃赵氏姐妹的故事，指责后宫女人弄权，会给国家带来灾难（汉成帝刘骜，西汉第九任皇帝，是中国历史上有名的昏君，迷恋酒色，不理朝政，将赵飞燕和赵合德姐妹选进后宫，更加荒淫无度。赵氏姐妹弄权后宫，自己不能生育，也不让别人生育，多次杀死宫人所生的孩子。汉成帝为了博得赵氏姐妹的欢心，竟亲手掐死自己的儿子，最后淫死在赵合德的怀里，西汉王朝也因此败落。汉成帝死后，朝政便落入王莽手中，不久王莽便篡位坐上了龙椅，灭亡了西汉，建立了新朝）。

诗的后两句是通过赵氏姐妹联想到自己的遭遇，自己并没有像赵氏姐妹那样弄权后宫，对夫君辽道宗的一片真情，只有天上的一片明月知道啊！（昭阳是汉成帝的宫名，赵飞燕曾在此宫居住）。

耶律乙辛本想用《十香词》嫁祸于皇后萧观音，得到《怀古》一诗后，见其中暗含"赵""惟""一"三字，更是喜出望外，立即写了一封揭发萧观音与赵惟一私通的奏折，并附上《怀古》一诗呈给辽道宗。同时指使同党张孝杰去给辽道宗解诗，说诗中暗含的"赵""惟""一"三字就是皇后萧观音思念赵惟一的证据，指使在宫里的眼线到北枢密院告发萧观音与赵惟一私通。

辽道宗也是诗词高手，对于诗人借古抒情的心理应该理解才是，但他正对皇后萧观音有着反感心理，见其与赵惟一私通的人证物证俱全，不禁勃然大怒，立即命人把皇后萧观音抓来当面审讯。

萧观音并无与赵惟一私通之事，自然是申辩自己是清白的，辽道宗气得命人用铁骨朵击打萧观音，差一点就将其打死，萧观音仍然坚持自己是清白的。

辽道宗见萧观音死不承认，就又命耶律乙辛和张孝杰（耶律乙辛死党，时为北府宰相）审理萧观音和赵惟一私通一案。

这样一来，这起诬陷案件就变成了原告（即诬告方耶律乙辛）审被告（即被诬告方萧观音）的荒唐闹剧，结果自然不审自明。

辽道宗接到耶律乙辛的审理结果后，二话没说，立即下令诛灭赵惟一全族，赐萧观音自尽。

萧观音冤屈在身，临死时要求见夫君一面，结果也被辽道宗断然拒绝，在绝望之际，又作了一首《绝命词》：

"嗟薄祐兮多幸，羌作俪兮皇家。

承昊穹兮下覆，近日月兮分华。

托后钩兮凝位，忽前星兮启耀。

虽茀累兮皇床，庶无罪兮宗庙。

欲贯鱼兮上进，乘阳德兮天飞。

岂祸生兮无朕，蒙秽恶兮宫闱。

将剖心兮自陈，冀回照兮白日。

宁庶女兮多惭，遏飞霜兮下击。

顾子女兮哀顿，对左右兮摧伤。

其西曜兮将坠，忽吾去兮椒房。

呼天地兮惨悴，恨今古兮安极。

知吾生兮必死，又焉爱兮旦夕。"

词的大意是：入宫做皇帝的妻子，本来是一个女人的荣华，如今却遭受如此恶运，难道是我的命薄吗？他们（耶律乙辛）诬陷我（指与赵惟一私通），是为了阴谋篡位，这事虽然影响了皇帝的脸面，可我并没有做对不起国家的事啊！我多想趁着年轻与夫君一起飞啊！飞向那遥远的天际。夫君呀！你应该明白这是他们（耶律乙辛）在诬陷我呀！怎能让一国之母蒙受如此垢秽！恨不能剖开胸膛来表明我的清白；普通女子遭受如此羞愧，如同遭受六月飞霜和雷电的袭击；看着孩子们啊！心里多么哀怜着急，面对身边亲友又是多么的悲伤；西边的太阳即将坠落，我也将离开生活的椒房；无力呼喊天地为我作证，只能遗恨这样离去；知道人生一定会死，又岂能爱惜朝夕。

与其说这是一首绝命词，不如说这是一个柔弱女子在绝望时无奈又无力的呐喊；是一个柔弱女子在被诬陷、冤枉，直至被杀害时的心理暴发。

萧观音含泪写下《绝命词》后，自缢身亡（1075 年 11 月），时年只有 36 岁。其时太子耶律浚总领朝政只有六个月，也就是说，耶律乙辛只用了半年时间，便杀害了皇后萧观音。但是，他并没有就此停手，而是接着又把黑手伸向了太子耶律浚。

5. 昭怀太子耶律浚

耶律浚是辽道宗独子，出生于辽清宁四年（1058 年），生母为皇后萧观音。他从小聪明好学，知书达理，又是独子，深得辽道宗的喜爱，曾夸赞说："此子聪慧，殆天授也！"（《辽史》）刚刚 6 岁，便封为梁王，立为皇帝接班人。

耶律浚 7 岁时曾跟随父皇射猎，三发三中。辽道宗高兴地说："朕祖宗以来，骑射绝人，威震天下，此儿虽幼，不失祖宗之风。"（《辽史》）又有一次射猎，遇到十只鹿，耶律浚接连射中九只，辽道宗高兴地专门为儿子设宴庆祝，第二年即耶律浚 8 岁时立为太子，成为皇位法定继承人。

辽大康元年（1075 年），辽道宗任命 17 岁的太子耶律浚总领北南两枢密院事，上朝处理朝政，接受实际锻炼。

耶律浚虽然年纪轻轻，但却表现出少壮派的魄力，处理起朝政来，有章有节，法度修明，朝政为之一新。这样一来，耶律乙辛的权力就受到了限制，为了继续擅权，开始图谋迫害太子耶律浚。

萧观音自缢身亡后，耶律浚泪流满面，扑在母后身上大声呼叫："杀害我母亲的人，是耶律乙辛。"

耶律乙辛以诬告手段杀害皇后萧观音，心里自然也是不安，听到太子的话后，心里更是害怕，便下定狠心要除掉太子耶律浚。但是，他知道太子是辽道宗的独子，要动手除掉他谈何容易，因此他没有直接对太子下手，而是设计了一个"造人计划"，向辽

道宗推荐新皇后，以期再生出一个皇子来取代太子。

新皇后不是别人，正是辽道宗即位后所杀死的第一个忠臣、他的亲舅舅萧阿剌的孙女萧坦思。耶律乙辛推荐萧坦思为新皇后人选，原因大致有三个方面。第一，萧阿剌家族与耶律乙辛有着特殊的关系。辽道宗即位初期，耶律乙辛与萧阿剌和耶律仁先都是站在奸臣萧革对立面的，属于一个阵营里的人。萧阿剌的儿子萧余里也是耶律乙辛的死党，萧阿剌的孙女萧斡特懒（萧坦思的妹妹）是耶律乙辛的儿媳妇，萧坦思立为皇后，耶律乙辛自然有利可图。第二，奸臣萧革被杀之后，萧阿剌的忠臣之身被彰显出来，辽道宗对杀死萧阿剌也有些后悔，对其家族有着特殊的关照，将自己的两个女儿分别嫁给了萧阿剌的弟弟萧霞抹（妻为辽道宗与萧观音所生长女）和孙子萧酬斡（妻为辽道宗与萧观音所生第三女）。推荐萧坦思为皇后，辽道宗

容易接受。第三，国舅少父房势力仍然很强大，立萧坦思为皇后，一方面国舅少父房能够接受（满足国舅少父房与耶律皇族共同执政的条件）；一方面，多多少少也可以缓解一下自己与国舅少父房萧观音家支的关系。

但是，一朝分娩，却需要十月怀胎，耶律乙辛这个"造人计划"显然是远水解不了近渴。皇后萧观音冤死一案，在辽廷引起了极

大的震动，朝中一些正直大臣纷纷站出来为皇后申冤，弹劾耶律乙辛及其同党。

此时的辽道宗或许也很懊恼，因为他的母亲皇太后萧挞里在儿媳妇萧观音被杀四个月后病逝（显然是被活活气死），这样的结果，显然是辽道宗没有预想到的。或许是对杀死与自己同床共枕20多年的皇后萧观音多少有些内疚，或许是为了安抚那些为皇后萧观音申冤的大臣们的不平心理，总之，在皇后萧观音被杀半年后（1076年6月），辽道宗将耶律乙辛贬为中京留守。

但是，耶律乙辛的党羽遍布辽廷，他虽然被贬出朝堂，却对朝中情况了如指掌，甚至是仍然间接地控制着朝政。

不仅如此，辽道宗这个喜欢听阿谀奉承话的皇帝，耳边没有了耶律乙辛的阿谀之语还真不习惯，心里还时时想着耶律乙辛，就连耶律乙辛的生日他还惦记着，派人前去祝寿。

耶律乙辛见皇帝如此惦记着自己，不禁暗自高兴，指使党羽不断向辽道宗传递信息，说自己是冤枉的，自己是忠于皇上的，自己时刻在担心着皇上的安危，自己做梦都想着回到皇上身边效力。

辽道宗听到这些话后又有些受不了了，在耶律乙辛被贬三个月后，又将其诏回复为北院枢密使，反而将一些正直大臣贬出朝堂。

耶律乙辛通过被贬这件事，意识到太子的势力还很强大，"造人计划"远水解不了近渴，弄不好没等新皇子出生，自己就会死于太子的刀下。因此官复原职后，决定对太子直接出手。经过近一年的谋划准备，编造了一个"太子谋废皇帝案"（1077年5月），指使党羽诬告太子密谋杀害耶律乙辛，想废除皇帝辽道宗提前登基即位。

耶律乙辛之所以编造这样一个案件，并非完全凭空捏造，而

是有一些依据的，那就是耶律乙辛确实被人刺杀过，而且还不止一次。

耶律乙辛排斥异己、培植死党、迫害忠良的行为，引起了一些忠直之士的不满，有些人甚至使用刺杀手段来除掉耶律乙辛。当然，耶律乙辛本是大奸大佞之人，绝不是那么好接近的，因此多起刺杀事件不仅没有成功，反而被耶律乙辛所利用，把这些刺杀案件说成是太子所为，成为他迫害太子的把柄。

辽大康三年（1077年）五月，即耶律乙辛复职不到一年，萧忽古（时任皇宫护卫，曾几次刺杀耶律乙辛没有成功）等人再次刺杀耶律乙辛失败被抓下狱，耶律乙辛借机指使党羽诬告萧忽古、耶律撒剌（时任契丹行宫都部署）、耶律挞不也（曾几次刺杀耶律乙辛都没有成功）、萧速撒（时任知北院枢密使事）等人与太子密谋想废立皇帝。

辽道宗接到举报后，命有司对案件进行调查。因属无中生有、凭空捏造之事，自然是查无实据。但是，对于这样一桩无中生有的案件，辽道宗虽然没有牵涉太子，却还是听信耶律乙辛谗言，重赏了举报之人，将耶律撒剌、萧刺撒等贬出朝堂，萧忽古流放外地。

耶律乙辛见没有牵涉到太子，便又使出一招，命死党以"太子谋废皇帝案"参与者的身份自首，以此来证明"太子谋废皇帝案"属实。

辽道宗本来对"太子谋废皇帝案"并不相信，但也经不住耶律乙辛多管齐下，整天奏本，也疑神疑鬼起来，竟然命人将太子拘于别室，派左夷离毕耶律燕哥进行审讯。

耶律燕哥本是辽太祖同父异母弟耶律苏的子孙，与太子耶律浚同祖（即都是辽太祖父亲的七世孙），按理说是不应该帮助耶律乙辛陷害太子的，但是此人狡诈而机敏，见耶律乙辛擅权朝政，便成为其死党。

太子耶律浚在母后萧观音被杀害后，明知耶律乙辛会把魔掌伸向自己，但却无力反抗。这主要是因为耶律乙辛党羽遍布辽廷，他的一举一动都在耶律乙辛的掌握之中，他甚至连父皇的面都见不到，再加上一些忠直之臣被耶律乙辛或排挤出朝堂，或迫害致死，他根本没有与耶律乙辛对抗的资本。因此整日里郁郁寡欢，闷闷不乐，既担心自己的性命，又不得不听从命运的安排。或许是心里已经做好被迫害的准备，当他被拘于别室的时候，并没有怎么反抗。但当他看到是耶律燕哥这个自家兄弟来审讯他的时候，

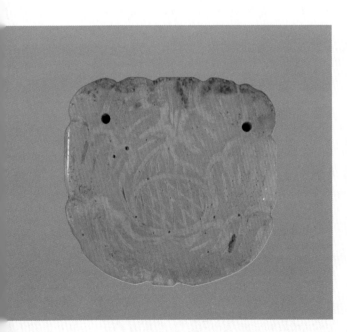

还是对生抱着一线希望，对耶律燕哥坦诚地说道："父皇只有我一个儿子，况且我已经被立为太子，还有什么更高的要求，而去做谋废父皇的事情呢？你与我是自家兄弟，念我是无辜被害，请把我的意思转达给我的父皇。"

但是，太子的哀求并没有打动耶律燕哥的恻隐之心，不仅没有把太子的话告诉皇帝辽道宗，反而告诉给了耶律乙辛的另一个死党萧十三。

萧十三是耶律乙辛死党中的骨干成员，正是他建议耶律乙辛

要早一点除掉太子，以防夜长梦多，发生他变，从而促使耶律乙辛下定了除掉太子的决心，与萧十三谋划了"自首"一事。辽道宗命耶律燕哥审讯太子，萧十三便经常跑去探听消息。当他得知太子的话后，对耶律燕哥说道："如果把太子的话如实报告给皇帝，那我们的事情就彻底完蛋了，应该把太子的话改为招供伏法，这样才有利于我们。"耶律燕哥遂按照萧十三的意思，向辽道宗谎报太子已经招供。

此时的辽道宗彻底昏了头，对耶律乙辛的话百信不疑，也没有见一见唯一的儿子再核实一下，就大开杀戒。一方面命耶律乙辛与张孝杰等拘捕所谓的"太子党"人；一方面将太子耶律浚贬为庶人，囚于上京等候处理。

耶律乙辛终于拿到尚方宝剑，遂向所有反对自己的人举起了屠刀。杀始平军节度使耶律撒刺等十人；杀上京留守萧速撒及诸子；杀宣徽使耶律挞不也等二人；杀东京留守耶律回里不；杀萧挞不也（辽道宗二女婿，因与耶律挞不也关系密切被耶律乙辛所杀）及其弟；杀萧严寿（萧严寿因建议辽道宗贬谪耶律乙辛，而遭到耶律乙辛的嫉恨。耶律乙辛官复原职后，将萧严寿流放到外地，并派人将其拘禁起来。太子耶律浚被贬为庶人后，耶律乙辛派人将萧严寿杀害）；杀萧忽古（被杀于流放地）等等。这还不算，耶律乙辛又派党羽到五京诸地，杀已经被拘捕入狱的所谓"太子党"人。至于在所谓的"太子谋废皇帝案"中被耶律乙辛杀害的人有多少，没有记录，但是，通过一个人的遭遇，可以从另一个侧面反映出当时的恐怖局面。

当时有一才女名叫耶律常哥，自恃有才，终身不嫁。其德行、才智、文学都名盛当时，曾作文陈述时政，得到皇帝辽道宗的称赞。时任北院枢密使的耶律乙辛慕其才，便屡屡向她求诗。耶律常哥知道耶律乙辛是当朝大奸臣，便借机写了一首讽刺诗回复了事。耶律乙辛见耶律常哥以诗讽刺自己，便记恨在心，借"太子谋废皇帝案"将耶律常哥牵涉其中，想治其死罪。但是，耶律常哥本为一平常女子，怎么能与太子扯上联系呢？查来查去，也没有找到耶律常哥与"太子党"有什么联系，只好无罪释放。可耶律乙辛并不甘心，不久又以莫须有的罪名，将耶律常哥在朝中为官的哥哥耶律适鲁撵出朝堂，贬到远在大西北的镇州（今蒙古国境内）。

耶律常哥为了躲避耶律乙辛的迫害，也只好跟着哥哥离开了京城前住镇州。当时，有人问耶律常哥："你何必自找苦吃呢？"耶律常哥叹口气说："太子都无辜被害，我一个平民百姓怎能有好日子过呢！"

当然，耶律乙辛制造"太子谋废皇帝案"的目的是为了除掉太子耶律浚。因此，他在清洗所谓的"太子党"的同时，也时刻在想着谋害太子耶律浚。他深知皇帝辽道宗再昏庸，可让他马上下令处死自己唯一的儿子也很难，时间一长一旦有变，那可就前功尽弃了。于是，他暗中派人到上京，导演了一场蒙面大盗入室抢劫的话剧，将太子耶律浚杀死（1077年11月，耶律浚被害后，头被刽子手割下来送往耶律乙辛处邀功，落了个尸首异处，若干年后，其子辽天祚帝即位，为父母平反，也没有找到太子的头），然后，又命死党上京留守萧挞得以耶律浚病死上报皇帝辽道宗。

辽道宗虽然将儿子耶律浚贬为庶人，但是自己毕竟就这么一根独苗，如今死了，心里总是不得劲，于是，就诏太子妃萧氏（时在上京）来行在，想问一问儿子病死的情况。

耶律乙辛得到消息后，心里自然是非常害怕。太子妃萧氏一旦将耶律浚被杀真相告诉了皇帝辽道宗，那自己的性命还能保住吗？于是，耶律乙辛来了个一不做二不休，派人再次扮成劫匪将太子妃萧氏杀死在途中。

耶律浚从总领朝政到被杀不到两年半时间（1075 年 6 月至 1077 年 11 月），时年只有 19 岁，耶律乙辛倒台后，辽道宗良心发现，追谥耶律浚为昭怀太子（1083 年）。

耶律乙辛从官复原职到扳倒太子耶律浚只用了半年时间（1076 年 10 月至 1077 年 6 月），再到杀死太子也不过用了十个月的时间。

辽道宗在两年内接连死了妻子、儿子、儿媳妇、母亲，就一般的家庭而言，可谓是大悲剧、大惨剧。但是，辽道宗毕竟不是一般人而是皇帝，抗打击的能力就是强。接连死了这么多亲人，似乎一点也不感到悲痛，更没有警醒，相反还认为耶律乙辛这个杀人凶手是大大的"平乱"功臣呢！

按照耶律乙辛的意思，辽道宗对其党羽大加奖赏（真是昏庸之极）。其中，耶律乙辛得力死党张孝杰（为辽道宗解释皇后萧观音《怀古》诗及审讯皇后萧观音之人）因功被赐国姓耶律，并赐名为耶律仁杰（辽道宗认为张孝杰的能力丝毫不比唐朝名相狄仁杰差，因此赐名仁杰）；耶律乙辛的另一名死党耶律燕哥（审讯太子耶律浚之人）因功提升为契丹行宫都部署，后又提拔为南府宰相；耶律乙辛的得力帮凶萧十三（建议耶律乙辛杀死太子耶律浚之人）因功提升为北院枢密副使；耶律乙辛的帮凶耶律合鲁提升为北院大王，其弟耶律吾也提升为南院大王（这兄弟二人帮助耶律乙辛干尽坏事，被时人称为"二贼"）；萧达鲁古（杀害太子耶律浚之人）因功提升为国舅详稳等等。

不难看出，辽道宗已经沦落为一个地地道道的昏君了。皇帝如此昏庸无道，耶律乙辛自然是有恃无恐。在除掉皇后、太子，清洗所谓的"太子党"后，接着又把黑手伸向皇孙耶律延禧，想把皇帝一脉赶尽杀绝。

6. 皇孙耶律延禧

辽道宗有多少个妻子不得而知，不过一个皇帝，妻子小妾肯定是不会太少。但是，也许是应了那句自作孽不可活的话，在众多的妻妾中，也只有皇后萧观音给辽道宗生了一儿耶律浚和三个女儿，其他诸多妻妾都没有开花结果（这也算是老天对耶律洪基这个杀妻灭子昏君的惩罚吧）。太子耶律浚膝下也只有一子耶律延禧和一女耶律延寿。经过"皇后太子案"的清洗，辽道宗的骨血只剩下三个女儿和一个孙子及一个孙女了。

皇孙耶律延禧在父亲耶律浚被害时只有两岁多一点（出生于1075年），妹妹耶律延寿则更小一些。按理说，辽道宗应该对失去父母的孙子和孙女关爱多一些。但是，他把自己的儿子贬为庶人，自然也就不把孙子孙女放在心里。在太子耶律浚被害后，就把孙子孙女寄养在宫外一个叫萧怀忠（此人情况不详）的家中抚养，图一个省心了事。

耶律延禧虽然已经受到冷落，被寄养在宫外，但耶律乙辛并不放心。这也不难理解，有朝一日辽道宗醒过味来，把皇孙耶律延禧接回宫中立为储君，日后当了皇帝，还有他这个刽子手的好果子吃吗？因此他千方百计、想方设法地阻止耶律延禧被立为储君。可要想阻止耶律延禧被立为储君，就得有人来占据储君之位。

本来耶律乙辛是想通过新皇后萧坦思为辽道宗生下龙种来占据储君之位，可人算不如天算，几年下来，萧坦思不仅没有生出龙种来，就连龙女也没有生出来。这下可急坏了耶律乙辛，如果皇后再生不出龙种来，那太子之位恐怕就真得被耶律延禧占有了。也算是急中生智吧！耶律乙辛一着急，便想出了一个高招，把自己的儿媳妇送进宫中侍候皇帝。一来如果自己的儿媳妇能给皇帝

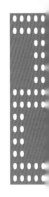

生出个龙种来，那自己也能跟着沾光；二来自己的儿媳妇是皇后萧坦思的亲妹妹，姐俩有事好商量。

萧坦思也正为自己生不出龙种来着急，听了耶律乙辛的计策，心里虽然有些不快，但也别无办法。让自己的亲妹妹给皇帝生龙种，总比让别人为皇帝生龙种强。于是，就在皇帝辽道宗面前不断说妹妹如何如何好看，如何如何温柔等等。

辽道宗也正在为没有皇位继承人发愁，就听信耶律乙辛之言，同意让耶律乙辛的儿媳妇进宫来侍候自己。就这样，耶律乙辛的儿媳妇也进入宫中，与姐姐一起侍候皇帝。可侍候来侍候去，姐俩也没有为皇帝生出龙种来。

这下，耶律乙辛彻底傻眼了，看来把自己的儿媳妇搭进去也

不好使了，再这么等下去，恐怕夜长梦多，储君之位不可能久空，一旦皇孙耶律延禧被立为储君，那可就麻烦了。

耶律乙辛不愧为大奸大佞之人，鬼主意就是多，想来想去，还真就想出一个人来，这个人就是耶律淳。

当然，耶律乙辛也不是凭空瞎想，这个耶律淳并不是一个普通人，他是皇帝辽道宗二弟的儿子，也就是辽兴宗的亲孙子，自然也有当皇帝的资格。更主要的是耶律淳出生后，便抚养在宫中，深得皇帝辽道宗和皇后萧观音的喜爱，视如己出。立其为储君，

辽道宗容易接受。还有一点也很重要，那就是耶律淳从小好学，颇有学识，在辽兴宗诸孙子中，也算是出类拔萃者。也就是说，如果从辽兴宗诸孙子中海选皇帝的话，耶律淳当选的可能性比较大。也正因为此，在几十年后辽廷即将灭亡之际，耶律淳在一些臣僚的拥戴下建立了北辽政权，当然这是后话。

果然，辽道宗听了耶律乙辛的推荐后，便召集诸大臣廷议立储事宜。可凡事都是旁观者清，耶律乙辛的险恶用心，也只能是蒙骗昏庸的皇帝辽道宗，看清其嘴脸的人，还是大有人在。北院宣徽使萧兀纳（记住这个人）就当庭站出来反对道："舍弃嫡储（即

揭契丹
秘辽王朝
JIEMI QIDAN
LIAOWANGCHAO
QIDAN SHANGWANG
契丹殇亡 / 92

指皇孙耶律延禧）不立，是把国家让给他人。"

辽道宗虽然昏庸，但毕竟不是一个低能皇帝，在立储这样事关皇权传承的根本问题上还是比较慎重的。听了萧兀纳的话后，便把立储之事搁置起来。

也是事有凑巧，时间不长，后宫中有一个姓李的妃子，或许是可怜耶律延禧兄妹的遭遇，便向皇帝辽道宗进献了一首《挟谷歌》。这首《挟谷歌》的内容，不得而知。不过，其中当有父子儿女亲情之内容。辽道宗读后，很是感慨，也很受教育，便把皇孙耶律延禧及孙女耶律延寿接回宫中抚养起来（1078 年）。

耶律乙辛见皇孙耶律延禧被接回宫里，心里不禁害怕起来，决定铤而走险，除掉耶律延禧。

辽大康五年（1079 年），即耶律延禧回到宫中的第二年，辽道宗准备到黑山（今赤峰市巴林左旗西北境之白音罕山）行猎。耶律乙辛见有机可乘，便建议辽道宗把皇孙留在宫中，以便寻机害之。辽道宗听惯了耶律乙辛的意见，便准备把皇孙留在宫中。

又是萧兀纳提醒辽道宗说，皇孙年龄太小，独自留在宫中怕是不安全，如果非要把皇孙留下，我情愿留下来保护皇孙。

辽道宗虽然忠奸不分，但从皇孙安全角度考虑，还是听从萧兀纳的话，把皇孙耶律延禧带在了身边。但是，当行猎队伍来到黑山猎场时，有趣的一幕出现了：只见随从皇帝出猎的诸大臣，都跟在耶律乙辛的屁股后面转，而皇帝辽道宗身边却冷冷清清，成了"孤家寡人"。

其实，出现这样的场面并不惊奇。耶律乙辛把持辽廷要枢之位十五六年，排斥迫害忠良，提拔培植亲信，其党羽遍布辽廷，早已架空了皇帝，也只有皇帝辽道宗本人还自我感觉良好而已。

当看到群臣撇开自己这个皇帝，纷纷围着耶律乙辛屁股后面转的场面时，辽道宗这才开始有所醒悟，也有所恼火，也才意识到耶律乙辛是一个什么样的人。因此，从黑山打完猎回到京城，辽道宗开始抛弃耶律乙辛。

按理说，一个皇帝要整治一个大臣，也就是一句话的事，可辽道宗在如何整治耶律乙辛的问题上，还是颇费了一番心思的。这也好理解，辽道宗与耶律乙辛就如同在演一出双簧戏，耶律乙辛在后面说，辽道宗在前面比划，耶律乙辛的阴谋，包括迫害皇后、诛杀太子、清洗所谓的"太子皇后党人"等，都是得到辽道宗同意或默许的，如果把耶律乙辛的罪行昭然天下，那皇帝辽道宗自然也脱不了干系，辽道宗自然是没有下"罪己诏"的勇气。另外，耶律乙辛党羽遍布辽廷内外，如果处理不当，极有可能引发意想不到的变故。这一点，辽道宗也不能不考虑。

不过，不管怎么说，一个皇帝想整治一个大臣，总比大臣整治皇帝要容易得多，在接下来的几年时间里，轮到耶律乙辛挨收拾了。

辽道宗从黑山打完猎回到皇宫后，便加封耶律乙辛为于越（实

为明升暗降），免去其北院枢密使之职，出任知南院大王事。半年后，又把耶律乙辛从魏王降为混同郡王（1079 年），并下令其来京办事，不准停留，当日返回。第二年（1080 年），耶律乙辛被贬为知兴中府（今辽宁省朝阳市）事。辽大康七年（1081 年）耶律乙辛被逮捕下狱。辽大康九年（1083 年）耶律乙辛以投奔宋朝罪被处死。

耶律乙辛自平定耶律重元父子叛乱（1063 年）至被降为知南院大王事（1079 年），专擅朝政达 17 年之久。这期间，他当了皇帝辽道宗一大半的家，不仅诛杀了皇后、太子、太子妃，给皇帝辽道宗家庭制造了悲剧，而且还诛杀和排挤了一大批正直之臣，造成辽廷人才匮乏的窘境，从某种程度上加速了辽廷的衰亡。

辽道宗更是没有勇气给"皇后太子冤案"平反，致使耶律乙辛被处死后，他的党羽仍然把持着朝政，辽廷也没有摆脱耶律乙辛擅权时奸佞之人握政的环境。不仅如此，辽道宗或许是被耶律乙辛这个大奸臣咬了一口，十年怕起井绳来，在用人方面更是出现了问题。

这也难怪，忠臣说话逆耳不愿意用，说话顺耳的又都是一些奸佞之人，闹得他也不知道用谁好了，到了晚年竟然用掷骰子的办法来决定人事任免，谁掷胜了就用谁（简直是在开国际玩笑）。他的诗友李俨（即辽道宗《题李俨黄菊赋》诗中的李俨）就是通过掷骰子获胜而得到提拔。

耶律乙辛被处死，最大的受益者就是皇孙耶律延禧。他从一个被耶律乙辛追杀的对象，变成了辽朝唯一的皇位继承人，从此过上了特殊生活。5 岁时封为梁王（1080 年，耶律乙辛贬为知兴中府事），确立为皇位接班人（辽廷中后期，只有皇位继承人才能被封为梁王）；13 岁出任知中丞司事，开始基层锻炼（1088 年）；16 岁出任天下兵马大元帅，总领北南院枢密使事（1091 年）。为

了把皇孙培养成优秀的皇帝，辽道宗还多次亲自为皇孙选配老师，进行全方位培养。

但是，身传胜于言教，耶律延禧没有从众多的老师那里学到什么治国安邦的真本事，倒是从皇爷爷那里学到了许多东西。譬如酷爱打猎，宠幸奸佞，不信忠良，笃信佛教等等，皇爷有一样，皇孙学一样，且青出于蓝而胜于蓝。正是这样的祖孙相传，辽王朝亡国在耶律延禧当上皇帝后便开始了倒计时。

7. 大奸臣张孝杰

在耶律乙辛专擅朝政的 17 年间，培植了众多的党羽，其中不乏死党，张孝杰就是其中之一。

张孝杰本是汉人，少时家里很穷，他勤奋好学，在辽道宗即位皇帝的同一年考取进士第一（1055 年）。但官运并不亨通，十年时间才累迁官至枢密直学士，后因工作失误还被贬为惠州刺史。这次被贬或许使他意识到朝中无人难做官的道理，开始巴结当权的耶律乙辛，两人同为奸佞之人，很快结为同党。张孝杰借耶律乙辛的光官运也亨通起来，历任参知政事、同知枢密院事、加工部侍郎（1067 年）、封陈国公（1072 年）。这期间张孝杰靠着奸佞之道，得到了宠信奸佞之人的辽道宗的青睐。辽道宗经常征求张孝杰关于朝政的意见，张孝杰则借机阿谀奉承，深得辽道宗的赏识。在耶律乙辛的建议下，张孝杰被提拔为北府宰相（1074 年），成为汉族知识分子在辽廷中的官职最高者，同时也更加努力地为耶律乙辛卖命。

张孝杰、耶律乙辛等人经常与皇帝辽道宗在一起喝酒赋诗，有一次辽道宗喝到高兴处，便背诵了一首《黍离》："知我者谓我心忧，不知我者谓我何求？"张孝杰奉承道："今天下太平，陛下何忧？富有四海，陛下何求？"辽道宗听后"龙心"大悦，当即表态：先帝（耶律宗真）有耶律仁先和化葛两个贤智之人，我有孝杰、乙辛不在仁先、化葛之下，可谓是得人矣！

由此不难看出，张孝杰在皇帝辽道宗心目中的地位，甚至还要超过耶律乙辛。

辽大康元年（1075 年），耶律乙辛迫害皇后萧观音，张孝杰参与其中，出谋划策，他受耶律乙辛指使，亲自到皇宫给辽道宗解释皇后萧观音的《怀古》诗。他指着诗稿对辽道宗说："宫中只数赵家妆"，"惟有知情一片月"，两句中包含着"赵""惟""一"三字，这就是皇后与赵惟一私通的证据。"

辽道宗经常与张孝杰在一起赋诗作对，对其文才很是赏识，对其对皇后《怀古》一诗的解释，当然也是深信不疑，便让张孝杰与耶律乙辛一起审讯皇后萧观

音。结果是原告审被告，结果不言自明，皇后萧观音被立即赐死。

张孝杰是"皇后冤案"的直接参与者，所得到的赏赐也最为丰厚。辽道宗在赐死皇后萧观音的同时，为了表彰张孝杰制造"皇后冤案"的功劳，赐其国姓"耶律"。

接下来，张孝杰与耶律乙辛组成"专案组"，对所谓的"皇后党人"进行了疯狂的清洗，使大批同情皇后萧观音、反对耶律乙辛的人，或被诛杀，或被流放。

再接下来，张孝杰又助纣为虐，帮助耶律乙辛杀害了太子耶律浚，并对所谓的"太子党人"进行了疯狂的清洗，又使一大批同情太子、反对耶律乙辛的人，或被诛杀，或被流放。

耶律乙辛为了"感谢"张孝杰对自己的帮助，对辽道宗说："孝杰是社稷之臣。"

辽道宗也发现了张孝杰在"破案"方面的"特殊能力"，觉得其能力一点也不比唐朝的狄仁杰差，便赐其名为"仁杰"，从此张孝杰就又有了一个新的姓名"耶律仁杰"。

张孝杰自被赐"耶律仁杰"的姓名后，更加狂妄，贪赃枉法，大肆受贿不说，甚至在公开场合扬言道："没有一百万两黄金，跟宰相之家不够相称。"丑恶嘴面，暴露无遗。

中国有句古训，"天欲其亡，必令其狂"，这话用在奸佞之人身上最为贴切。随着耶律乙辛的倒台，张孝杰也随之完蛋。不过，张孝杰的下场比耶律乙辛要稍微好一些。

耶律乙辛被贬为知南院大王事的第二年（1080年），张孝杰也被贬为武定军节度使。或许是违法乱纪、贪污公款习惯了，一时还收不住手，张孝杰在被贬为武定军节度使后，竟然还敢违背朝廷禁令，私改圣旨，贩卖私盐，以中饱私囊，结果被削职为民（1081年，与此同时，耶律乙辛被逮捕下狱），迁到金肃州（今内蒙古准格尔旗西北）居住，数年后迁归家乡（辽宁省朝阳市境内），不久病死。辽天祚帝即位后，给"皇后太子冤案"平反，张孝杰被清算，在被刨坟剖棺戮尸的同时，其子被诛杀，其他家族成员全部被籍为奴隶。

耶律乙辛专擅朝政达17年之久（1063年耶律重元叛乱至1079年耶律乙辛被贬），期间排除异己，残害忠良，杀害皇后、太子，制造了辽廷太多的冤案、错案。这些事情，基本上都得到了辽道宗的同意或默许，或是打着辽道宗的名义干的，或是借辽道宗之手干的（如皇后萧观音被赐死，太子耶律浚被贬为庶人），这似乎有些令人费解。但是，凡事都是有原因的。

从表面上看，辽道宗昏庸，耶律乙辛奸诈，从而造成了耶律乙辛擅权的局面。但从深层次来分析，耶律乙辛擅权是辽廷皇族与外戚权争的必然产物。

辽兴宗朝外戚干政达到高峰，辽道宗即位后，为了避免这种局面的延续或发生，继续打压舅族（即拔里氏国舅少父房势力），耶律乙辛则是辽道宗选中的操刀手。

耶律乙辛并非传统意义上的奸佞小人，而是奸雄，这样的人一旦得到皇帝的宠信，大权在握，后果是可想而知的。进一步来说，辽道宗想借耶律乙辛来打压国舅少父房势力，以摆脱或防止外戚干政，而耶律乙辛一旦大权在握，便开始专擅朝政，当了辽道宗大半拉家，从而使辽廷出现了"乱政"局面。

辽道宗并非是一个昏庸无道、低能弱智的皇帝，当皇后萧观音、太子耶律浚被杀害、皇太后萧挞里去世，拔里氏国舅帐少父房势力跌入低谷后，辽道宗便将耶律乙辛除掉。

但是，由于辽道宗过于宠信耶律乙辛及其党羽，因此在耶律乙辛倒台后，他并没有给"皇后太子案"平反，也没有把耶律乙

辛党羽全部清除，辽廷仍然是奸佞当道，"群邪并兴，谗巧竞进"，一些正直忠良之臣仍然遭到排斥。如同唐朝的"安史之乱"一样，耶律乙辛擅权也成为辽王朝由盛转衰的节点，自此开始，辽王朝一路下坡再也没有缓过气来，一直到灭亡。

03

ZU BU FAN LIAO

阻卜磨古厮杀金吾吐古斯以叛，遣奚六部秃里耶律郭三发诸蕃部兵讨之。都监萧张九遇贼，与战不利。二室韦、拽剌、北王府、特满群牧、宫分等军多陷没。

《辽史》

1. 阻卜

　　阻卜，是契丹人对蒙古草原各部族的泛称，这些部族是室韦人在西迁的过程中，吸收了一些其他部族人作为自己部落成员，在语言、习俗、生活等各方面都发生了变化，在长期的融合过程中，逐渐形成为颇不同于原室韦人的新的室韦系部落。他们经过多年的繁衍生息，逐渐发展壮大起来，在回鹘汗国灭亡后（840年），迁入到鄂尔浑河流域（今蒙古国和俄罗斯境内），并以此为中心，分布于东起大兴安岭，西及阿尔泰山，北至贝加尔湖，南到阴山的广袤辽阔的土地上，被统称为鞑靼。

　　与契丹接壤的鞑靼，主要是汁姓鞑靼（东鞑靼）和九姓鞑靼（西鞑靼），被契丹人泛称为阻卜，有时亦称为术不姑、述不姑、直不姑、直不古等。

　　辽天赞三年（924年），辽太祖率大军西征，首先对胪朐河（今

克鲁伦河）流域的东鞑靼进行了征伐，征服了汁姓鞑靼后，沿胪
朐河西行，又征服了九姓鞑靼，接着西进，征服了西鄙诸部，一
举统一了大漠草原。

自此之后，阻卜诸部成为辽
的属部或属国，每年向辽廷朝贡
表示归附。有时也受辽廷之诏，
出兵从征，如辽太祖东征渤海国
时，阻卜诸部就曾派兵随征。随
着时间的推移，阻卜诸部发展为
西阻卜、北阻卜、西北阻卜、阻
卜别部等众多部落。

辽朝对阻卜诸部的统治有个
过程，辽景宗朝以前，辽朝对阻
卜诸部尚未建立起牢固的统治，
辽景宗朝始设置西北路兵马都部
署和阻卜九部都详稳之职官（971
年），开始加强对阻卜诸部的统
治。辽圣宗朝在西北部建筑镇州
（今蒙古境内）进一步加强对阻
卜诸部的统治，同时设置西北路
招讨司为西北部最高军事机构，
重点加强对阻卜诸部的控制。

辽朝对阻卜各部的具体统治
措施，与其他属国、属部一样，
"大者拟王封，小者准部使。命
其酋长与契丹人区别而用，恩威

兼制"，较大的部落，设置阻卜大王府，任命本部首领为大王，一般的部落设置节度使司、诸部署司、都详稳司等，任用契丹人或阻卜本部首领为长官，视阻卜诸部情况而定。

阻卜诸部在辽兴宗朝时发展到部落联盟阶段，辽朝为了招抚阻卜诸部，在阻卜诸部设置阻卜国大王府，册封阻卜诸部联盟长为大王，对阻卜诸部施以统治。

辽朝在阻卜诸部共设置四个阻卜国大王府和三个节度使司。四个大王府分别是阻卜国大王府、北阻卜国大王府、西阻卜国大王府、西北阻卜国大王府。三个节度使司分别是阻卜扎剌部节度使司、阻卜诸部节度使司、阻卜别部节度使司。

据《辽史》，阻卜国大王府首任大王为屯秃古斯，于辽兴宗重熙七年（1038年）以阻卜酋长身份入朝觐见辽兴宗，五年后（1043年）屯秃古斯与其弟撒葛里再次入朝觐见辽兴宗时已为阻卜大王，其弟撒葛里为太尉。由此推测，辽朝在阻卜诸部设置阻卜国大王府的时间，当在屯秃古斯初次入辽觐见辽兴宗时（1038年）或稍后。在此前后，其他三个阻卜大王府亦当设置。阻卜大王府的设置，标志着与辽朝有密

切联系的北阻卜、西阻卜、西北阻卜、阻卜别部等阻卜大部落正式纳入辽朝属国管理范围。

2. 阻卜反辽

阻卜诸部被辽太祖征服后，始终归附辽廷，每年如期朝贡，一直到辽景宗朝末开始出现反辽活动，至辽圣宗朝末的半个世纪里，阻卜诸部反辽斗争时有发生。

辽乾亨四年（982年）底，阻卜诸部乘辽景宗病逝、辽圣宗即位，辽廷"母寡子弱"之机，掀起第一次反辽斗争。

阻卜诸部选择这个节点叛辽，除辽廷皇权更迭、"母寡子弱"因素之外，亦不排除辽宋战争因素，即阻卜诸部想趁辽在南方与北宋战争之机摆脱辽廷的控制。

对于阻卜诸部的叛辽行为，承天太后萧燕燕丝毫没有手软，她在为丈夫辽景宗建造陵墓、运筹对宋作战、派兵征讨党项、女真叛部的同时，命令阻卜九部都详稳耶律速撒率兵对阻卜叛部进行征讨。

耶律速撒是辽穆宗、辽景宗、辽圣宗朝著名军事将领，习武，熟悉军事，辽穆宗朝累官至突吕不部节度使。辽景宗保宁三年（971年）出任阻卜九部都详稳，统辖阻卜诸部，在任20余年（辽景宗、辽圣宗朝各10年），期间发生了阻卜诸部叛辽事件。耶律速撒率军用两年多时间，斩杀阻卜叛部酋长挞剌干，最终将阻卜叛部讨平（984年）。在此后的10多年间，阻卜大部归附辽廷，正常遣使入朝贡献。耶律速撒病逝后（约991年左右），一些阻卜部落又开始叛辽。

辽统和十二年（994年），辽与宋战争告一段落，遂调整军事

重点，把西北阻卜诸部作为重点军事打击目标，命驻兵胪朐河（今克鲁伦河）的齐王妃（承天太后萧燕燕大姐），统领乌古部兵马西进镇抚阻卜、党项等叛部。同时任命大将萧挞凛担任阻卜都详稳（耶律速撒病逝，萧挞凛接任其职），协助齐王妃督察军事。

　　齐王妃，名胡辇，承天太后萧燕燕姐姐，辽太宗次子齐王罨撒葛之妃，故称齐王妃。辽穆宗朝末齐王罨撒葛因谋反被罚到胪朐治守边，齐王妃随丈夫而行。辽景宗保宁四年（972年），齐王罨撒葛病逝，齐王妃接替丈夫统乌古部兵马继续屯驻胪朐河，主要任务是镇抚乌古及阻卜诸部（齐王妃因与辽圣宗关系密切，威胁皇权，在辽宋签订"澶渊之盟"后被承天太后赐死）。

　　萧挞凛，承天太后萧燕燕族弟，是辽圣宗朝著名军事将领，是辽与宋战争中辽方主要军事将领，在北宋"雍熙北伐"中俘虏杨继业，以功加右监门卫上将军，耶律速撒病逝后，萧挞凛出任

阻卜都详稳，统辖阻卜诸部。

萧挞凛和齐王妃率兵对叛附无常的阻卜诸部进行了大举征讨，从而使阻卜诸叛部重新归附辽朝。为了从根本上解决西北部阻卜诸部叛附无常问题，萧挞凛上书建议在西北部修建城池驻军，以加强对阻卜诸部的控制。辽廷采纳这一建议，在辽西北沿边修建了三座城堡，即镇州、防州、维州三城（均在今蒙古国境内）。

辽统和二十一年（1003年），辽西北边重镇可敦城（即镇州，今蒙古国布尔省境内，维州在镇州东侧，防州在镇州西侧）修建完成，驻军2万，立即起到了震慑作用，迫使叛辽的阻卜酋长铁剌里率诸部降辽，并亲自入辽廷朝见承天太后、辽圣宗母子。次年，铁剌里再次入朝觐见，并向辽廷求婚。此时，辽廷正在对宋用兵（澶渊之盟前），为了减轻来自西北阻卜诸部的压力，便答应了铁剌里的求婚请求。

辽、宋签订"澶渊之盟"（1004年）后，辽廷减轻了来自宋朝的军事压力，能够腾出手来解决西北阻卜诸部叛附无常的问题，派大军对叛附无常的西北阻卜诸部进行大举进剿，迫使经常叛辽的阻卜诸部重新归附辽廷，纳贡如常，辽的疆域也有了极大的拓展。

辽统和二十九年（1011年），辽廷在阻卜诸部设置节度使，以契丹人充任，管辖阻卜诸部。但是，这一策略并没有收到预期效果，相反还遭到阻卜诸部的反对。原因来自两方面，一是充任阻卜诸部节度使的契丹人管理不当，引起阻卜诸部的反抗；二是阻卜诸部对契丹人担任本部节度使有反感情绪。因此，第二年（1012年），阻卜七部太师阿里底借助部民反辽情绪，杀死本部节度使霸暗并屠其家，起兵反辽，阻卜诸部纷纷举兵响应，掀起了更大规模的反辽浪潮，并把辽西北路招讨使萧图玉包围在可敦城。

萧图玉，辽穆宗朝北府宰相萧海璨之子，娶辽圣宗女金乡公

主为妻（据宋人史料，金乡公主母亲李氏为南唐皇帝李璟之女，南唐灭亡后入宋，在辽宋战争中被俘虏入辽，被辽圣宗纳为妃），

封驸马都尉，辽统和十九年（1001年）总领西北路军事。为了加强对阻卜诸部的统治，他上书建议在阻卜各部设置节度使司，以契丹人充任节度使，以削弱阻卜各部之间的联系，达到分化隔离阻卜诸部的目的。这一建议被辽廷采纳，但由于出任阻卜诸部节度使的契丹人统治不当，从而引起阻卜诸部不满。

辽开泰元年（1012年），阻卜七部太师阿里底杀死本部节度使起兵反辽，在辽兵的追讨下，阻卜叛部将叛首阿里底送至辽兵营以求和解。但阿里底的反辽活动，却引发了其他阻卜部落的反辽情绪，纷纷起兵反辽，并将辽西北路招讨使萧图玉包围在可敦城里。

辽廷派兵救援，经过两年多的征讨，才将阻卜叛部平息，阻卜诸部重新归附辽廷，纳贡如常。此后，辽西北边境稳定了十几年。

辽太平六年（1026年），辽西北路招讨使萧孝惠（元妃萧耨斤之弟、辽道宗皇后萧观音之父）受命征讨阿萨兰回鹘部，在向阻卜诸部征兵时，由于措施失当，引起阻卜诸部不满，再次起兵反辽。此时，辽廷已经结束了对高丽的战争，有足够的兵力征讨阻卜诸叛部，因此辽圣宗立即派大军进行征讨，历时近两年时间将阻卜叛部平定。

辽廷这次对阻卜叛部的征讨，虽然损失很大，甚至有一些中高级将领在战役中阵亡，但是对阻卜诸部的打击是非常大的，效果也是非常明显。在此后的40多年间，阻卜诸部没有再起兵反辽。不仅如此，在辽兴宗举兵讨伐西夏国王李元昊时，阻卜诸部还主动请求出兵随征以助辽兵。

3. 阻卜大规模反辽

阻卜诸部在辽圣宗朝发展为部落联盟，经过几十年的发展，势力大增，在辽道宗朝掀起了大规模的反辽斗争。

辽咸雍五年（1069年），阻卜诸部趁辽廷耶律乙辛擅权，朝纲不正之机，再次起兵反辽，辽道宗任命耶律仁先为西北路招讨使率军前往征讨。

耶律仁先是辽道宗朝、亦是耶律休哥（契丹族优秀军事家）之后最著名军事将领，为终辽一世著名三于越之一（其他二人为耶律曷鲁、耶律屋质），是平定耶律重元父子叛乱的第一功臣，以功升任北院枢密使，为辽廷百官之长。

　　耶律仁先为人正直，敢于直言，担任北院枢密使期间，对耶律乙辛的擅权行为进行了坚决的抵制，由此受到耶律乙辛排挤，被贬任南京留守（1065年）。四年后（1069年），阻卜诸部起兵反辽，耶律仁先受命出任西北路招讨使前往征讨。他到达西北边境后，采取征讨、怀柔、招抚等多项举措，利用一年多时间平定了阻卜诸叛部（1070年）。此后20余年，阻卜诸部归附辽朝，诸部酋长纷纷入朝觐见，朝贡如常。

　　辽大安八年（1092年），阻卜耶睹刮部叛辽，辽西北路招讨使耶律何鲁扫古率兵平叛，在征讨过程中误击了北阻卜酋长磨古斯部，导致磨古斯也起兵反辽。辽兵在征讨阻卜叛部过程中，损失惨重，一些高级将领在与阻卜叛部作战时阵亡。辽廷遂免去耶律何鲁扫古西北路招讨使之职，以耶律挞不也代之。

　　耶律挞不也，耶律仁先之子，因平定耶律重元父子叛乱有功，赐定乱功臣，历官高阳、临海军节度使，右皮室军详稳。辽道宗大康六年（1080年）担任西北路招讨使，镇抚阻卜诸部。自耶律仁先平定阻卜诸部叛辽后（1070年），阻卜诸部归附辽朝如常，辽廷对阻卜诸部也多采取宽容怀柔之策，从而使阻卜诸部逐渐又强盛起来。耶律挞不也到任后，继续对阻卜诸部采取宽容之策，并向辽廷推荐磨古斯担任了北阻卜诸部长（1089年）。由于耶律挞不也对阻卜诸部过于怀柔，因此阻卜诸部又出现叛辽苗头，耶律挞不也或因此故，被改任西南面招讨使。

　　耶律挞不也到达西北路招讨司驻地镇州（现蒙古国境内，辽

西北重镇）后，利用与磨古斯的特殊关系，派人诱降磨古斯，准备一举歼灭阻卜叛部。不料，磨古斯识破耶律挞不也计策，便将计就计，向辽兵诈降，想趁机打败辽兵。

耶律挞不也在镇州西侧的沙碛中摆开阵势，命令兵将不要擅自出击，待磨古斯率叛军走近后再出击。但是，当磨古斯的军队还没有来到近前时，辽兵有两名偏将见叛军势众，竟吓得掉头就跑，辽兵也随之溃散。磨古斯乘机挥军掩杀，辽兵损失惨重，耶律挞不也阵亡（1093年）。

阻卜诸部受到此役鼓舞，原来没有起兵反辽的阻卜诸部也都纷纷起兵反辽，辽西北路招讨司遂失去了对西北部的控制。在随后的几年间，辽廷不断调兵遣将，对阻卜叛部进行征讨，双方互有胜负。现将率军征讨阻卜叛部的辽军主要将领简略作一介绍。

萧阿鲁带，契丹乌隗部人，擅长骑射，通晓兵法，辽道宗大安七年（1091年）担任西北路副部署。耶律挞不也阵亡后，阻卜诸部纷纷起来反辽，攻打辽沿边驻兵。萧阿鲁带率所部兵马打退阻卜叛军多次进攻后，率所部进讨叛军，斩首颇多，俘获甚众，以功加金吾卫上将军，封兰陵县公。辽寿昌元年（1095年），萧阿鲁带率军再讨阻卜叛部，以功加同中书门下平章事，晋爵县公，不久担任西北路招讨使，负责镇抚阻卜诸部。

耶律那也，六院部人，辽道宗大安九年（1093年），出任倒塌岭节度使，时值阻卜诸部叛辽，耶律那也率部平叛，在与阻卜叛部作战的一年多时间里，战功卓著，因功改任乌古敌烈部统军使。后累官中京留守、北院大王。

耶律陈家奴，六院部人，辽道宗大安十年（1094年），乌古敌烈诸部受阻卜反辽影响，纷纷起兵反辽。耶律陈家奴临阵受命，出任乌古部节度使，在率部平叛过程中，生擒乌古叛部酋长，献于辽廷，并最终将乌古叛乱平息。

耶律特么，季父房人，辽道宗大安四年（1088年）任倒塌岭节度使，不久任禁军都监。北阻卜酋长磨古斯起兵反辽后，耶律特么受命率所部人马征讨，斩敌二千余。阻卜诸部叛乱被平息后，耶律特么因功被授予南院宣徽使，后改任北院大王、知黄龙府事。

在征讨阻卜叛部的诸辽将中，以耶律斡特剌的贡献最大。

耶律斡特剌，辽太祖四弟耶律寅底石六世孙，41岁才开始出仕。当时，正值耶律乙辛擅权，耶律斡特剌怕得罪耶律乙辛，谨慎小心，从不出头露面。耶律乙辛被诛后，他才开始抛头露面，累官知北院枢密使事（北枢密院第二职官）、赐翼圣佐义功臣（1088年）。

辽道宗大安十年（1094年），耶律斡特剌受命为辽军都统，率兵前去讨伐阻卜诸部叛首磨古斯。时值天下大雪，辽兵寻机歼敌，大破磨古斯，斩首千余，取得了小胜。耶律斡特剌因此功升任西北路招讨使，封漆水郡王、加赐宣力守正功臣，专门负责讨伐阻卜诸叛部。

在随后的几年间，耶律斡特剌率领大军对阻卜诸叛部进行全面讨伐，取得了一定的效果，一些阻卜叛部纷纷重新归附辽廷，从而扭转了辽兵讨伐阻卜诸叛部的被动局面。不过，耶律斡特剌并没有从根本上解除磨古斯等叛部对辽西北边境的威胁。不久，耶律斡特剌因功被提升为南府宰相回朝任职（1097年），阻卜与辽廷又进入时战时和，时附时叛的局面。

辽道宗寿昌五年（1099年），耶律斡特剌以南府宰相兼任西北路招讨使、禁军都统，再次率兵讨伐磨古斯等叛部。这次辽廷下了很大的力量，诏西夏出兵协助讨伐阻卜叛部。耶律斡特剌率兵经过一年多的讨伐，终于在第二年，即辽道宗病逝的前一年（1100年），擒获磨古斯，阻卜诸部起兵反辽斗争才告一段落。

阻卜诸部乘辽道宗朝耶律乙辛擅权，朝纲不正之机，起兵反辽，历时40余年（1069—1100年），虽然以失败而结束，但阻卜诸部的反辽斗争，在给辽廷以沉重打击的同时，对辽周边诸部族也产生了巨大的影响。女真诸部、蒙古诸部乘机崛起，为辽王朝灭亡及契丹民族消亡埋下了种子。

终辽一世，阻卜诸部与辽的关系始终是时附时叛，借力发展。在辽道宗朝起兵反辽失败后，阻卜诸部发展演变为蒙古诸部。60年后，即金世宗即位的第二年（1162年），蒙古族诞生了一位世纪伟人——铁木真（即成吉思汗），他不仅率领蒙古诸部走出草原，入主中原，而且统帅蒙古铁骑横扫欧亚大陆。

04

NV ZHEN JUE AI

阿骨打乃与弟粘罕、胡舍等谋，以银术割、移烈、娄室、阇母等为帅，集女直诸部兵，擒辽障鹰官。及攻宁江州，东北路统军司以闻。时上在庆州射鹿，闻之略不介意，遣海州刺史高仙寿统渤海军应援。萧挞不也遇女直，占于宁江东，败绩。

《辽史》

1. 女真完颜部崛起

辽道宗在位 47 年，是大辽九帝中执政时间最长的皇帝（辽圣宗在位 50 年，但实际执政只有 22 年），同时又是大辽九帝中最长寿的皇帝（病逝时 70 岁）。但是，就政绩而言，却少有值得称道的地方。相反，辽道宗除了有杀妻灭子及笃信佛道等不光彩的一页而外，其执政期间还埋下了辽王朝灭亡的隐患，那就是女真诸部的崛起。就在耶律乙辛擅权，辽道宗宠信奸佞、杀妻灭子、笃信佛教的时候，辽东北部的女真诸部迅速发展起来。

女真族的先祖是黑水靺鞨，原居住于渤海国北边，辽廷将渤海民众迁到辽阳（即辽东京）地区后（930 年），黑水靺鞨南迁到渤海国故地改称女真，至辽兴宗朝为了避讳辽兴宗耶律宗真的名字而改称女直。

女真诸部隶属辽朝管理，辽廷为了管理女真诸部，以混同江

（今吉林省境内松花江）为界，将女真诸部分为两部分，在南者称"熟女真"，在北者称"生女真"。熟女真由于地接高丽、辽东京等经济较发达地区，率先发展起来，至辽景宗耶律贤朝时开始不附辽廷管理，屡屡进入辽境内抢掠。

萧燕燕摄政期间及辽圣宗亲政后，对熟女真诸部进行大举征伐及辽廷对高丽战争的胜利，有效地打击和震慑了女真诸部，在随后的一个世纪里，女真诸部基本上没有再发生反辽现象。但是，和平与发展是孪生兄弟，女真诸部正是在这一相对平和时期里得到快速发展，特别是生女真诸部迅速崛起，其中尤以完颜部发展最为迅速，而完颜部的发展与一个叫函普的"外来户"有关系。

函普先祖为粟末靺鞨人（即建立渤海国的主体民族），其祖上于唐朝贞观年间为避居战乱，迁居朝鲜半岛上的新罗国，新罗被高丽灭亡后，又生活在高丽国。黑水靺鞨南迁到渤海国故地后，时年已经六十岁、完全高丽化的函普从高丽北迁到完颜部（当在辽太宗朝）。当时的完颜部尚处于无条教、漫无约束的状态，部族之间，经常发生冲突，械斗不断。函普生活在经济比较发达的高丽国，见多识广，文明程度比较高，多次站出来充当调停人，平息了多起部族间的纠纷。因而得到当地人的尊重，准许他娶了完颜部内一个六十岁的老贤女为妻。函普由此成为完颜部人，并凭着智慧和才能成为居住于牡丹江流域的完颜部的首领（941年），从此完颜部的发展开始进入快车道。到了函普第四世孙绥可为完颜部首领时，完颜部迁徙到按出虎水（今黑龙江省阿什河）流域居住。女真语"按出"为"金"之意，"虎"为"河"之意。按出虎水，就是金河的意思，后来完颜阿骨打就以此河名为国名，建立了大金国。

完颜部能够在生女真诸部中脱颖而出、迅速崛起并最终建立大金国，说起来还与辽廷有直接关系。

函普第五世孙石鲁（绥可之子）为完颜部首领时，辽朝已进入辽圣宗统治时期，这也正是辽朝鼎盛时期，完颜部与其他女真部落一样，成为辽的属部。辽圣宗以石鲁为惕隐（部落首领），管理完颜部。石鲁则以辽廷为后盾，打着为辽廷征伐叛部的旗号，对其他生女真部进行兼并，迅速发展完颜部的势力，初步形成了以完颜部为核心的松散的部落集团。

石鲁之子乌古乃为完颜部首领时，辽朝进入辽道宗统治时期，乌古乃趁辽帝耶律洪基宠信奸佞、笃信佛道之机，继续采取借辽廷之力发展自己的策略，对生女真诸部中不归附辽廷（其实是不附完颜部）的部落进行征伐，建立了以完颜部为核心的军事联盟。

辽道宗自然不知道完颜部的真实用意，还以为完颜部真心为辽廷卖命，特意召见了乌古乃，授其为生女真部节度使，正式承认乌古乃为生女真诸部酋长的地位。

乌古乃则借与辽廷接触之机悉心研究辽廷官制，并结合本民族特点，设立了国相官位（不难看出，这时的乌古乃已经有了政治企图），建立了女真纪年（女真人原来没有准确的年龄，只是凭"草青几次"来判断自己的年龄，女真的准确纪年从公元1072年起）。

此后，完颜部首领分别是劾里钵（乌古乃于1074年病逝）、颇刺淑、盈歌。他们都无一例外地采取借辽廷之力来发展完颜部的策略，打着辽廷旗号，对不归附完颜部的生女真部进行征伐，不断扩大完颜部联盟势力。

伴随着完颜部势力的壮大，完颜家族还成长起来一位大英雄——完颜阿骨打（即金太祖）。

2. 阿骨打牛刀小试

阿骨打出生于辽咸雍四年（1068年），是乌古乃的继任者劾里钵的次子，其出生时，正是完颜家族势力拓展之时。

如同所有的英雄人物都有一段离奇的出生史一样，阿骨打也有一个惊天动地的出生故事。传说阿骨打的母亲怀孕时，体重就超过一般的孕妇；阿骨打出生之前，按出虎水上空多次出现五彩祥云；阿骨打出生时，河水翻腾，彩云再现，林中的野兽也狂欢舞蹈……

随着年龄的增长，阿骨打逐渐表现出不同凡响的能力。10岁的时候就已经是很有名气的射箭能手了，并获得了"奇男子"的名号；稍长便开始随父辈们征战沙场，并且经常是头不戴盔，马不披甲，冲锋在前，勇猛无常，成为人人敬佩的战斗英雄，被父辈们寄予厚望。

生女真诸部的崛起，自然也引起了辽廷的注意，辽道宗经常到混同江（今吉林省境内松花江）春"捺钵"地游幸，除了钓鱼捕天鹅以外，还有一个更主要的政治目的，就是了解生女真诸部的情况。届时，千里之内的生女真诸部酋长都要到辽帝在混同江行宫觐见述职，辽道宗借此观察生女真诸部的归附情况。除此而外，辽廷还要求生女真诸部酋长，每年都要到辽上京皇都觐见述职，以表示归附。

辽寿昌二年（1096年），29岁的阿骨打同完颜希尹（女真族著名政治家、军事家，女真文字的创造者）到辽上京（今赤峰市巴林左旗林东镇）朝见辽道宗。

按照惯例，辽廷罢设酒宴招待女真使者一行。酒席宴上，自然也少不了博戏祝兴，有一辽贵族自恃博技不俗，与阿骨打玩双陆博戏，输者喝酒。

阿骨打对双陆博戏非常精通，辽贵族自然不是其对手，屡玩屡输。辽贵族见自己在众人面前丢了丑，失了面子，就耍起赖来，输了之后，竟无理地要求阿骨打喝酒，且出言不逊。

阿骨打正值血气方刚，岂肯受此侮辱？不禁大怒，起身抽刀，就要劈死此人。

完颜希尹见势不妙，急忙用手抓住阿骨打的刀鞘，使阿骨打拔不出刀来。阿骨打并没有就此罢手，而是大喝一声，顺势用刀柄猛击辽贵族前胸，差一点将其打死。

在场的辽廷大臣们都被阿骨打的举动所惊呆，待反应过来后都愤怒不已，纷纷要求处死阿骨打。

辽道宗也没有想到阿骨打会如此无理，也不禁大怒。但是，别看他在杀死自己的妻子时连眼都没眨一下，可面对公然"犯上"的阿骨打时，却显得很沉着。或许在他看来仅仅因为博戏，就斩杀了阿骨打，有失大国之君的风度；或许他想得更远，杀了阿骨打势必会引起完颜部的不满，如果完颜部也起来反辽的话，那生女真诸部就不好控制了。总之，辽道宗压制住了自己的怒火，没有听从大臣们的意见，以"吾方示信以怀远方，不可杀也"，宽容了阿骨打。

辽道宗从大局着想，宽容了阿骨打，可辽廷中毕竟有看清形势的人。他们从阿骨打的行为举止中，看出此人将来必定是辽廷的祸患。因此，在酒宴结束后，有些人臣找到辽道宗，引用历史故事来强调杀死阿骨打的必要性："王衍纵石勒，卒毒中原；张守珪赦安禄山，终倾唐室。阿骨打塑北小夷，今乃敢凌轹贵臣，肆其无君之心，此其不追，将贻边患。"

"王衍纵石勒，卒毒中原"说的是西晋末年的一则故事。

石勒，羯族人，青年时曾被卖给富户当奴隶，后来得免。时值西晋乱世，北方少数民族纷纷起兵南下，石勒也投身其中，并靠着自身能力，打出了自己的势力。于公元319年称赵王，建立了后赵政权（十六国之一）。石勒也是世界历史上从奴隶到皇帝的唯一一人。石勒少年时，曾跟随他人一起到洛阳贩运，在东门长啸不已，时值统军将领王衍路过这里，听到石勒的叫声后，认为此人志向不小，日后必成后患，于是调官兵前来抓捕，可等到官兵赶到时，石勒已经杳无踪迹。王衍见石勒不见了踪影，也就没有追捕。不料，正是这个石勒，在数十年后，与匈奴人刘渊一起，灭亡了西晋（316年）。

"王衍纵石勒，卒毒中原"便出于此。如果当时王衍努力搜捕石勒，石勒未必能够逃脱；如果石勒被抓住处死，西晋也就不会亡在石勒手里。

"张守珪赦安禄山，终倾唐室"与"王衍纵石勒，卒毒中原"差不多。

　　安禄山当年因为盗羊被官兵追捕围打（732年），他大声呼喊："你们不去消灭契丹、奚人，却为何打我！"时值唐范阳镇帅（唐幽州最高军事长官）张守珪在场，见安禄山言貌不凡，便赦免了他，让其去抓契丹和奚人。安禄山从此步入军旅，开始飞黄腾达，还得到了唐玄宗李隆基及其爱妃杨玉环的宠爱，收为干儿子。但是，正是这个安禄山，于20多年后在范阳起兵反唐（755年），只用35天时间，便攻占了唐东都洛阳，然后自称雄武皇帝，建国号大燕。

随后挥兵北上，半年后攻取唐首都长安，唐玄宗李隆基被迫仓皇出逃，这就是我国历史上著名的"安史之乱"。

"安史之乱"虽然没有灭亡大唐王朝，却成为大唐王朝衰落的转折点，自此之后，大唐王朝便再也没有缓过气来，开始走下坡路直至灭亡。

辽臣引用这两个真实的历史事例，来强调杀掉阿骨打的必要性，应当说是非常恰当的，也是非常有说服力的。如果当时辽道宗杀掉了阿骨打，那辽、金两朝历史，包括中国历史恐怕就是另一个样子了。

但是，历史是没有假设的。不管当时辽道宗是出于何种考虑而放掉了阿骨打，"放虎归山，必有后患"这句话还是应验了。18年后（1114年），正是这个阿骨打起兵反辽，并最终灭亡了辽王朝。

3. 萧海里叛辽

辽道宗虽然放掉了阿骨打，但是对生女真诸部也很不放心，在此后的几年间，经常到混同江（即今松花江）游幸，以观察生女真诸部情况。

辽寿昌七年（1101年）正月，道宗又抱病前往混同江观察生女真诸部情况，结果病逝于混同江行宫，皇孙耶律延禧即位，是为辽天祚帝。

辽天祚帝因父亲耶律浚被耶律乙辛所杀，从而成为辽道宗膝下唯一的男性传人，也得到了皇爷爷的特殊关爱。6岁时便被册封为梁王，立为皇位接班人，17岁时出任天下兵马大元帅，总知北南院枢密使事，开始上朝跟着皇爷爷学习处理朝政。

毋庸置疑，这是辽道宗有意安排的，目的是把皇孙培养成为一个合格的皇帝。不仅如此，辽道宗还亲自为皇孙挑选过多位老师，对皇孙进行全方位的培养。但是，还是应了那句"身教胜于言教"的话，辽天祚帝没有从众多的老师那里学到什么治国安邦的本领，倒是从皇爷爷身上学到了宠幸奸佞、笃信佛道、嗜猎如命等诸多"特长"，从而成为辽王朝亡国之君。

辽天祚帝即位后所下的第一道圣旨，便是给"皇后太子案"平反，应该说这是非常正确的，也是收买人心之举。因为，耶律乙辛被诛后，"皇后太子案"真相也随之大白于天下，人们也盼望着给"皇后太子案"平反昭雪。但是，由于辽道宗没有勇气承认自己的错误，有意回避"皇后太子案"，致使耶律乙辛的一些党羽仍然在辽廷为官，"皇后太子案"也没有得到平反。所以，人们只好把"皇后太子案"平反的希望寄托在了下一任皇帝身上。辽天祚帝下诏为"皇后太子案"平反，则正好符合了人们的愿望，自然也得到了人们的欢迎和拥护。

但是，谁也没有想到，平反刚刚开了一个头便停了下来，原因也很简单，那就是辽天祚帝身边有一个奸佞之人耶律阿思。

耶律阿思就是在平息耶律重元叛乱中射死叛军首领耶律涅鲁古（耶律重元的儿子）之人，因功升迁为契丹行都部署。在此后的十几年间，由于耶律乙辛擅权，耶律阿思的奸佞手段或许与耶律乙辛相比还差着几成，并没有什么太大的作为。耶律乙辛倒台后，耶律阿思才逐渐有了"用武"之地，官职不断提升，几年工夫便升任北院枢密使，成为辽廷百官之长（1095 年）。耶律阿思一旦大权在握，便露出奸佞之相，任人唯亲，收受贿赂，排斥异己，辽廷也由此进入耶律阿思弄权时间段。

辽道宗本就喜欢阿谀奉承之人，对耶律阿思自然是信任有加，临终时还把后事托付给耶律阿思，让其辅佐皇孙辽天祚帝即位。辽天祚帝继承皇爷爷宠幸奸佞之"特长"，继续重用耶律阿思，加封其为于越，命其具体负责"皇后太子案"平反。

耶律阿思则借机收受贿赂，中饱私囊，徇情枉法，不仅私放了耶律乙辛许多党羽，对一些冤案受害者不予平反，而且还故意把案件扩大化，借机打击和排斥反对自己的人，从而使平反工作陷入混乱，喊冤叫屈之声不断。耶律阿思任北院枢密使又具体负责平反，申诉材料自然要先到他的手上，他见形势对自己不利，便上书建议不许再翻前朝老账。

辽天祚帝对耶律阿思言听计从，便下诏前朝已经处理过的案件不得再申诉，平反工作进行不到一年，便不了了之。

这次平反，也只是对皇后萧观音、太子耶律浚、太子妃萧氏及被耶律乙辛迫害致死的几个主要大臣进行了平反，追加了封号。对有数的几个受耶律乙辛迫害还活在世上的人进行了平反昭雪，恢复了职务。对耶律乙辛、张孝杰、萧十三等制造冤案的几名首犯进行了刨坟开棺戮尸，罚没其家族财产，将其家族成员籍为奴

隶等。

由于太子耶律浚被害已经过去 20 多年，人们已经记不清其埋葬地点，辽天祚帝也只是追谥其父为顺宗，并没有派人认真地去寻找父亲的埋葬地点。有些大臣多次建议派人寻找耶律浚的骨骸重新安葬，辽天祚帝只顾打猎也没有派人去寻找，因此也没有为父亲建陵园。由此可见，辽天祚帝在耶律乙辛倒台后，甚至是在担任辽廷主要官职后，并没有寻找父亲的坟墓加以祭典，以至于连父亲的埋葬地点都找不到了。

这样的平反结果，显然不能令人满意。人们盼望给"皇后太子案"平反已经盼了 20 多年，没想到平反就这样不了了之，不免都大失所望，从辽廷大臣到社会平民都很有意见，一时间社会秩序也出现了混乱，甚至有人趁机造起反来。

辽天祚帝即位的第二年（1102年），有一个叫赵钟哥的人聚众造反，率人攻入上京城大肆抢掠皇帝御用物品和宫女，与官兵对打不过，才逃离而去。

赵钟哥是何许人不详，不过从他率众攻打上京城这一点来看，绝对不是一般的强盗所为。《辽史》和《续资治通鉴》都称这次事件为强盗行为，其实不然，强盗怎么敢公然攻打辽王朝首都上京城？很有可能是一支农民起义军。

请不要小看农民起义，历史告诉我们，农民起义往往伴随着王朝的兴衰更替。诸如秦朝末年的陈胜、吴广起义，东汉末年的黄巾起义，隋朝末年的瓦岗寨起义，唐朝末年的黄巢起义，北宋末年的方腊起义，元朝末年的红巾军起义，明朝末年的李自成起义，清朝末年的太平天国起义等等。这些农民起义无不加速了一个旧朝代的灭亡，促进了一个新朝代的诞生。

辽天祚帝即位之初，便发生了赵钟哥所领导的农民起义，并且还攻入了辽王朝首都上京，这无疑是辽王朝行将就木的征兆，为辽王朝灭亡敲响了警钟。

如果说赵钟哥率众攻入上京城，还只是给辽王朝灭亡敲响了警钟的话，那么随后发生的萧海里叛辽事件，则加速了辽王朝的灭亡。

赵钟哥事件不久（1102年），萧海里聚众两千余人造反，率众攻入辽显、乾等州城，砸开这些州城的武器库，抢走五百付铠甲，屡次打败官兵征剿，然后逃入生女真境内，想联合生女真诸部一起反辽。

从《契丹国志》记载来看，萧海里叛辽的直接原因是他欺行霸市闹出了人命官司，受到官兵的追捕，为了躲避官府的追捕，聚众为盗，不到一个月时间便聚众两千余人，然后攻掠显、乾等数州，政府多次发兵征剿都被他打败，最后萧海里为了躲避官兵的追剿而逃往生女真境内。

其实，萧海里叛辽事件绝非这么简单，而是有着诸多的复杂因素。或是与"皇后太子案"平反工作有关，或是与辽廷后宫斗争有关，而后者的可能性更大一些。

辽天祚帝在当上皇帝之前有多少妃子不得而知，但有一点可以肯定，那就是他在当上皇帝后并没有册封皇后。这是很不正常的，其中的主要原因就是中宫之位争夺激烈，不知立谁为皇后好。不久，便有一惠妃被贬为庶人（1102年6月），三个月后便发生了萧海里叛辽事件，第二年（1103年）又发生了德妃萧师姑母子死亡事件。

萧海里是大国舅帐人，说明他不是拔里氏国舅帐人就是乙室已氏国舅帐人，或他的姐或妹就是当朝皇帝的皇后或妃子，他聚众反辽极可能与后宫斗争有直接关系。

不过，萧海里叛辽的原因并不重要，重要的是他叛辽投奔生女真部后，不仅增强了生女真部反辽的信心，而且也加快了生女真部反辽的步伐。

4. 阿骨打起兵反辽

辽兵追剿萧海里叛军，见其逃入生女真境内，就没敢继续追剿，而是把这一情况上报给了辽廷，辽廷并没有派兵继续追剿，而是下令生女真完颜部首领盈歌，捉拿萧海里等叛军送往辽廷。

完颜部首领盈歌在接到辽廷命他捉拿萧海里等叛军的命令之前，就已经见到了萧海里派来联合完颜部一起攻打辽王朝的信使。不过盈歌并没有答应萧海里的请求，而是把来人扣了下来，以观局势。待接到辽廷命他捉拿萧海里的命令后，权衡再三，觉得起兵反辽的时机尚不成熟，便派阿骨打前去捉拿萧海里。

阿骨打率数百骑很快便将萧海里两千叛军击溃，并缴获了叛军全部人马及武器铠甲。萧海里对于辽廷来说只不过是一个"犯罪嫌疑人"，可对于女真完颜部来说却意义重大。

由于辽廷对周边诸部族发展控制得非常严格，特别是对马匹和冶铁技术等控制得更为严格，生女真诸部虽然有了较大的发展，但是并没有多少可直接用以战争的军队和马匹，就是完颜部这样的强部，人马也只有数百人，更没有什么像样的兵器和真正意义上的铠甲。因此，缴获萧海里两千兵马和五百付铠甲后，盈歌和阿骨打都非常兴奋，并没有按照辽廷的要求，将这些人马武器和铠甲送归辽廷，而是全部用以装备完颜部兵马，使完颜部实力大增，从而加快了对生女真诸部的统一步伐。

同时，辽廷数千正规军竟然打不过萧海里的两千叛军，而阿骨打只用数百人便将萧海里的叛军击败，这也使生女真人看到了辽兵的软弱无能，从而增强了战胜辽兵的信心。

辽乾统三年（1103年）正月，阿骨打将萧海里的人头送到辽天祚帝在混同江的行宫，当辽廷问及其他人马及铠甲时，阿骨打

以其他人都被杀死，马匹铠甲等都奖赏给了有功人员加以搪塞。此时，辽天祚帝正在混同江上兴致勃勃地钓鱼，见阿骨打把萧海里的人头送来，哪里还管什么人马铠甲之事？加封了盈哥和阿骨打官爵后，便把此事抛到脑后，又兴致勃勃地钓起鱼来。

阿骨打见辽廷不仅没有追究完颜部私留人马和铠甲一事，反而还给自己升了官，心中不禁大喜，回到完颜部后便开始积极准备起兵反辽。

其实，女真完颜部只把萧海里人头送到辽廷，而把其他人员和马匹铠甲留下，当时就引起了辽廷一些有识之士的警惕，看出了生女真部有反辽的野心，建议辽天祚帝要早做防备。但是，北院枢密使耶律阿思收受了生女真人的贿赂，极力从中作梗，说女真人不敢反辽，辽天祚帝又是听信耶律阿思之言，把生女真人抛到脑后，尽情地打猎去了。

不过，完颜部虽然是在暗中准备起兵反辽，但也免不了会走漏风声，露出一些迹象，也免不了被辽廷得知。其中，辽廷中有一个叫萧兀纳的人，在随后的几年间，就多次上书建议辽天祚帝对生女真人要早作防备。

萧兀纳是辽王朝末期的一个重要人物，从他的身上我们可以清楚地看到辽天祚帝这个亡国之君的亡国之相。

当年耶律乙辛杀害太子耶律浚后，又排斥皇孙辽天祚帝，建议立皇侄耶律淳为储君，时任北院宣徽使的萧兀纳当庭站出来反对，才使耶律乙辛的阴谋没有得逞。后来，耶律乙辛又想谋害辽天祚帝，建议辽道宗到黑山行猎时把皇孙留在宫中，以寻机杀害，又是萧兀纳看破了耶律乙辛的阴谋，建议辽道宗把皇孙带在身边，从而救了辽天祚帝一命。耶律乙辛倒台后，萧兀纳的忠臣之身更加被显现出来，被时人称为社稷之臣，辽道宗对他也更加信任，加封其为兰陵郡王，并把他比作唐朝的狄仁杰和辽穆宗朝的耶律屋质，同时让他出任皇孙的老师。萧兀纳本为忠臣，对喜欢行猎的皇孙多加以劝谏，不料天祚帝对此却记恨在心，只是由于皇爷爷对萧兀纳信任有加，他才没有对皇爷爷亲点的老师发脾气。萧兀纳在辽道宗朝末官至北府宰相、南院枢密使，辽天祚帝即位时他仍在北府宰相任上（复任）。

从以上事例中不难看出，没有萧兀纳，辽天祚帝的性命可能也就终结在耶律乙辛的手里了，就连昏庸无道的辽道宗都认识到萧兀纳是一个忠臣，而加以重用。但是，谁也没有想到，辽天祚帝当了皇帝后，仍然记恨着当学生时老师对自己的"不恭"，即位后第一次人事调整，便是免除萧兀纳北府宰相一职，贬为辽兴军节度使（1102年2月，时辽天祚帝即位还不到一个月时间）。而这也还没有完，由于萧兀纳在北府宰相和南院枢密使任上秉公办事，得罪了一些人，在他被贬出朝堂后，有些人便落井下石，公报私仇，诬告萧兀纳曾借官府中的犀牛角不还。辽天祚帝自然是乐意有这样的把柄来整老师，立即命有司将萧兀纳逮捕审讯。萧兀纳辩解说，先帝（辽道宗）曾允许我每天在官府中取十万钱自用，我都没有取，怎么会借官府的犀牛角不还呢？不料，辽天祚帝听了萧兀纳的话后不禁大怒，又将其贬为宁边州（州址在今内蒙古准格尔旗东南黄河西岸）刺史，后又改任临海军节度使（治所在今辽宁省锦州市境内）。

萧兀纳是一个忠臣，在被贬出朝堂又遭到不公待遇的情况下，仍然心系国家安危。上书建议说，自从萧海里逃入生女真后，完颜部开始有轻视我朝廷之心，应该在边境增兵早作防备。（自萧海里亡入女直，彼有轻朝廷心，宜益兵以备不虞。）

但是，辽天祚帝一门心思放在打猎上，哪有心思听这些忠言，更没有对生女真起兵反辽作什么防备。

辽天庆元年（1111 年），萧兀纳被调任知黄龙府事，不久又出任辽东北路统军使。这里的黄龙府是辽廷重置黄龙府，地点在今吉林省农安。辽原黄龙府即原渤海国扶余府，在今辽宁省开原市，辽景宗朝渤海人燕颇据此黄龙府反辽，辽廷平定叛乱后废弃黄龙府，辽圣宗朝平定乌惹部后，辽廷在今农安重置黄龙府，作为辽廷在东北的军事重镇，战略目标便是镇抚东北生女真诸部。萧兀纳到任后，亲眼目睹了生女真人加强边境防务，操练兵马，有反辽迹象，便马上把这一情况报告给辽廷，并建议趁生女真部没有起兵反辽之时以兵征剿，以防后患。

萧兀纳是辽廷在东北地区的最高军事统帅，所反映的生女真人异常情况及应对策略，直接关系到辽王朝的存亡，理应引起辽廷的重视。但是，对于这样的情报和建议，辽廷却没有什么反应。萧兀纳见朝廷没有回音，便又多次上书建议要及早解决生女真人问题，但也都是泥牛入海。

辽廷对萧兀纳的情报和建议置若罔闻，除了皇帝耶律延禧荒于朝政、整日里只顾打猎行乐以外，还有一个很重要的原因，那就是辽廷又出了一个大奸臣萧奉先。

萧奉先与萧兀纳一样也是辽朝末期的一个重要人物，所不同的是，萧兀纳是忠臣，而萧奉先则是十足的奸臣，在某种程度上来说，正是萧奉先加速了辽王朝的灭亡，因此，史籍有"萧奉先误国"之说。他并没有什么太大的能耐，而是靠着在宫中的一姐（辽天祚帝皇后）和一妹（辽天祚帝元妃）才得以在辽廷为官，后来又巴结上奸臣耶律阿思，从而得到辽天祚帝的宠幸，官职也不断提升。耶律阿思病逝后，萧奉先依靠宫中两姐妹和阿谀奉承之术爬到北院枢密使位置上，成为辽廷百官之长。

但是，萧奉先虽然位至百官之首，却没有在辽廷这座大厦即将倒塌之际尽枢臣之责，而是借机弄权，排斥异己，提拔亲信，造成辽廷奸佞之人当权的局面。不仅如此，在生女真人已经暴露出反辽迹象的情况下，他更是畏畏缩缩，不敢对女真人采取强硬措施，从而姑息纵容了女真人，最终导致辽王朝被女真人所亡。

辽天庆二年（1112年）正月，辽天祚帝依例到混同江上钓鱼，按照惯例在千里之内的生女真诸部酋长都要到辽帝行宫觐见述职，时值完颜部酋长乌雅束因病不能前往，由其弟阿骨打代往辽帝行宫。

辽天祚帝是行猎高手，这次手气也不错钓得一条又肥又大的鱼，心里特别高兴，立即下令举行头鱼宴（辽帝春猎惯例，钓得

第一条鱼要举行头鱼宴，猎得第一只天鹅要举行头鹅宴，以示庆祝），生女真诸部酋长也受邀参加。酒过三巡菜过五味之后，辽天祚帝酒兴渐浓，命令生女真诸部酋长为他唱歌跳舞以助酒兴。

这样的场合并非第一次，因此生女真诸部酋长都依次下场唱歌跳舞，为辽天祚帝助酒兴。但是，阿骨打却是第一次参加这样的场合，对辽天祚帝让女真诸部酋长为他唱歌跳舞助酒兴很是气愤，当轮到他下场时，只见他端坐不动，目视前方，旁若无人。辽天祚帝命人催了他几次，他都以不会唱歌跳舞加以拒绝，其他生女真部酋长怕阿骨打惹祸上身，也都劝他下场应付了事，阿骨打仍然端坐不动，酒宴也不欢而散。

辽天祚帝虽然对生女真人起兵反辽没有作防备，但对生女真人的反辽情绪还是有所察觉，见阿骨打在酒席宴上旁若无人、蔑视一切，公然违抗他的命令，心里不免也产生疑虑。酒席散后，他找到萧奉先，让他在边境上找个理由把阿骨打杀掉，以防后患。

不料，萧奉先却安慰辽天祚帝说，阿骨打是个粗人，不懂礼教，就这样杀了他，恐怕会伤害归附顺化的人心。阿骨打就是有别的图谋，小小的女真部落，又能做出多大的事情。

辽天祚帝就又听信萧奉先之言，打消了杀掉阿骨打的想法，接着打猎行乐去了。

阿骨打回到完颜部后，自知得罪了辽帝，反辽之心已经暴露，便加紧统一生女真诸部，扩大完颜部势力，以与辽廷对抗。同时，通过"头鱼宴"事件，他也看到了辽天祚帝的昏庸和辽廷的软弱，胆子也越发大了起来。当时有两个生女真部落首领，一个叫赵三，一个叫阿鹘产，拒不归附完颜部，阿骨打就派人抓走了他们的家人。赵三和阿鹘产跑到辽咸州（今辽宁省开原市，即原黄龙府）投诉阿骨打，辽咸州官员认为此事关系重大，便把此案上报给北枢密

院（1112年9月）。

萧奉先接到报案后，竟然以普通案件加以处理，指示咸州官员只要阿骨打承认错误就可以，允许他改过自新。

咸州官员数次传唤阿骨打到咸州与赵三等对质，阿骨打都以有病为由加以拒绝。不仅如此，第二年（1113年）三月，阿骨打竟然率领五百骑兵突然闯进咸州城，到官府大闹一场，然后扬长而去。过后，阿骨打又倒打一耙，派人到辽廷北枢密院告了咸州官府一状，说咸州官府想杀自己，自己不敢再在咸州待了才离开。此后，咸州官府又多次传唤阿骨打，阿骨打也都置若罔闻，辽廷对此案也就不了了之。

是年年末（1113年12月），完颜部首领乌雅束病逝，阿骨打继兄担任完颜部首领，开始准备起兵反辽，便不断派人到辽廷索要一个叫阿疏的生女真人，其真实目的是想激化生女真人与辽廷的矛盾，为自己起兵反辽找一个借口。

阿疏是生女真一个部落的首领，由于不归附完颜部而受到完颜部的征伐。辽寿昌二年（1096年），即阿骨打在辽上京用刀柄怒击辽贵族的同一年，完颜部攻打阿疏部落，阿疏向辽廷求援，辽道宗下令完颜部停止攻打阿疏部落，而完颜部则以阻断鹰路（即生女真人向辽廷进贡猎鹰海东青的道路）威胁辽廷，辽廷怕鹰路被阻断，只好对此事睁只眼闭只眼，结果阿疏部落被完颜部兼并，阿疏只身跑到辽廷避难。完颜部则以阿疏为生女真人叛逆为由，多次向辽廷索要阿疏，辽廷却耍起大国威风，对完颜部的要求不予理会。

其实，完颜部并非真心向辽廷索要阿疏，不过是以此为借口，向辽廷讲条件。每当辽廷向生女真部提出不合理的要求时，完颜部便以索要阿疏，与辽廷讲条件，而辽廷既不想交出阿疏向生女真示弱，又不想激化与生女真的矛盾，只好对生女真做出让步。

阿骨打担任完颜部首领后，也使出了这一招，不断派人到辽廷索要阿疏。不过，阿骨打这样做有着更加明确的目的，那就是以索要阿疏为名，派人到辽廷观察动静、打探情报，为自己起兵反辽寻找合适的时机。

辽天庆四年（1114 年）七月，阿骨打的反辽活动终于引起了辽廷的注意，准备往东北调动兵力，以加强边防。阿骨打得到这一情报后，不再迟疑，于九月在涞流河（今黑龙江省拉林河）召开反辽誓师大会，宣布起兵反辽。

其时，完颜部虽然对起兵反辽准备了若干年的时间，但是，由于生女真诸部生产力比较落后，再加上辽廷对生女真人的剥削和控制，生人真诸部人马并不是太多，阿骨打召开反辽誓师大会时，也不过才召集了二千五百人，这些人马又以完颜部为主，马匹和武器铠甲也多是从萧海里叛军那里缴获而来的。但是，阿骨打就是用这二千五百女真人马起兵，并最终灭亡了大辽国，这无疑是世界战争史上的一个奇迹。能够发生这样的奇迹，原因肯定也是多方面的，除了辽廷政权腐败之外，生女真人的强悍和辽廷贵族对生女真人的残酷压迫也是很重要的原因。

生女真人生产力十分低下，为了生存他们不得不与自然搏斗，终年与野兽打交道，从而锻炼了生女真人强健的体魄，造就了他们钢铁般的意志，也培养了他们凶戾好斗的性格。生女真成年男子，往往能够徒手杀死熊、虎、豹等猛兽，辽天祚帝听说这件事后，便常常命生女真诸部中这样的猛男来辽廷，陪自己打猎（金太宗吴乞买及阿骨打的其他兄弟们都曾到辽廷陪辽天祚帝打猎）。而生女真人徒手搏虎、豹的场面，极大地震慑了辽廷贵族们，并由此产生了畏惧生女真人的心理，辽社会上甚至有"女真满万不

可敌"的传言。虽然契丹人也有过徒手搏斗猛兽的"英雄壮举"，但是二百余年的安逸生活，早已使契丹人丧失了这样的斗志，见到生女真人如此勇猛，自然而然地就产生了畏惧感。试想，这样的两个民族所组成的军队在战场上相遇，胜负自然早有分晓。

辽廷贵族对生女真人剥削和压迫是非常残酷的，最使生女真人难以忍受的就是"荐枕席"。生女真东部大海产一种叫海东青的猛禽，最能捕天鹅，这正好适合辽廷贵族春捺钵时捕天鹅的需要，于是辽廷把海东青作为生女真人的第一贡品，要求生女真人每年都要进贡一定数量的海东青，并派"银牌天使"到生女真部催办此事。这些"银牌天使"到了生女真后，不仅对海东青挑三拣四，而且还要求生女真部首领为他们准备陪宿女人，称为"荐枕席"。开始的时候，还是由穷人家的未婚女孩子陪宿，后来就发展到"银牌天使"看中谁就要谁陪宿，哪怕是生女真人贵族或部族首领家里的妻子女儿儿媳妇也不例外。这样的欺男霸女、倚强凌弱的行为，使生女真人对契丹人恨之入骨，满腔仇恨只待暴发。试想，这样的人所组成的军队，又岂能用人数来计算他们的力量？

誓师大会结束后，阿骨打率领人马首先攻打宁江州（今吉林省松原市北伯都讷古城）。宁江州是辽廷控制生女真诸部的前哨阵地，时任辽东北路统军使萧兀纳就驻守在此城。当时他正在组织往边境调遣军队事宜，得知阿骨打召开誓师大会、起兵反辽的消息后，一方面派人通知辽天祚帝派兵前来增援，一方面加强城防，积极备战。

辽天祚帝当时正在庆州（今赤峰市巴林右旗境内）打猎，接到女真起兵反辽的消息后，并没有太在意，只是派驻守在附近的三千渤海兵前去应援，然后就又驰入山中继续打猎去了。

阿骨打率人马突破辽军边境防线后，途中又击败前来应援的

三千渤海兵，接着向宁江州进发。萧兀纳率守城人马出城迎战阿骨打，结果两军刚一接战，辽军便大败，萧兀纳退入城中坚守几日，见辽援军不到便只身逃走，宁江州随之被阿骨打攻破。阿骨打从涞流河誓师反辽，到攻占宁江州不到一个月的时间。

辽天祚帝在庆州行猎多日觉得还不过瘾，便准备前往显州（今辽宁省北镇境内）继续行猎，可没等动身便传来宁江州失陷的消息，这才觉得事态严重，遂放弃去显州秋猎的计划，召开群臣会议研究解决女真人造反问题。

不料，臣僚们在如何征剿女真人的问题上发生了分歧，一些看清形势的大臣提出应趁女真人初起兵还没有形成气候之时，派大军前去镇压，一举而解决女真人问题；可北院枢密使萧奉先却反对这一意见，认为发大军前去镇压是把女真人看得过于强大而小看自己，主张发部分兵力就可以剿灭女真人。

辽天祚帝又是听从了萧奉先的意见，任命萧奉先之弟萧嗣先为辽兵最高统帅，以萧兀纳为副将，率领七千人马前去征剿阿骨打。

萧嗣先也是靠着两姐妹在后宫及兄长萧奉先的关系才官至守司空，其实是一个无能之辈，他率领人马先驻扎在出河店（今黑龙江省肇源县境内，嫩江与第二松花江交汇处），派人准备船只，想等船只准备齐后，再渡过鸭子河与女真人决战。

阿骨打得知这一消息后，也率领人马前往鸭子河迎战辽军，可没等赶到鸭子河天便黑了下来，阿骨打没有停下来休息，而是连夜行军，在天亮前赶到鸭子河，并立即渡河杀入出河店。辽兵正在睡大觉，被打了一个措手不及，仓促迎战，萧嗣先见女真人勇猛，便率先逃命而去，辽军也随之溃败而逃。

辽军在出河店的失利，对辽军的负面影响是非常严重的，这倒不是因为辽军被女真人打败，而是耶律延禧对战败责任人萧嗣先的处理，使辽官兵失去了对女真人作战的信心。

辽军在出河店失利的消息传回辽廷后，萧奉先害怕弟弟萧嗣先受到惩罚，便糊弄辽天祚帝说，打了败仗的官兵已经开始抢劫了，如果不赦免他们的战败之责，恐怕会发生兵变。

辽天祚帝对萧奉先又是言听计从，对萧嗣先只是免官了事。这样的处理结果，在辽官兵中引起了极大的负面效应，既然拼命打仗甚至是战死沙场的人无功，而逃命打了败仗的人也没有什么责任，那以后见到女真人就逃命好了。自此之后，辽兵与女真人作战一触即溃，这也是辽廷在短时间内被金所亡的一个很重要的原因。

阿骨打取得出河店胜利后，接着攻取了辽宾州（今吉林省农安县境内）、祥州（今吉林省农安县境内）、咸州（今辽宁省开原市）等州城，铁骊、乌惹等部也随之归降女真。

女真人马摧城拔寨，接连打败辽军，极大地鼓舞了女真人的士气，部队也扩大到一万余人，阿骨打更是踌躇满志，采纳诸臣僚建议，于第二年（1115年）正月初一，开国称帝，建立了大金国，改名为完颜旻，定都上京（今黑龙江省阿城区境内）。

阿骨打从起兵反辽到建立大金国只用了不到四个月的时间。

TIAN ZUO WANG GUO

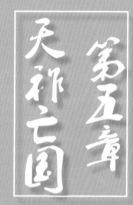

第五章 天祚亡国

三月辛酉，上闻金师将出岭西，遂趋白水泺。闻金兵将近，计不知所出，乘轻骑入夹山。至应州新城东六十里，为金人完颜娄室等所获。

《辽史》

1. 天祚帝东征

辽军在出河店失利后，辽天祚帝又启用南府宰相张琳代替萧嗣先负责军事，具体指挥辽军东征阿骨打。

辽制汉人是不允许执掌兵权的，张琳身为南府宰相自然懂得这一点，便极力推辞。辽天祚帝平时只顾打猎行乐，对全国军队情况一知半解，还就认定了张琳，硬是让他承担此任。张琳见推辞不掉，便硬着头皮上任。他深知自己很难指挥动契丹族人马，便建议征调20万汉军东征。辽天祚帝觉得数量太大，难以组织，就又砍掉了一半。张琳本身并不知兵，在组织兵源时自然就又有了水分，所征调的兵员不仅蕃汉混杂，而且素质及武器装备等都大打折扣，好不容易组织了几十万大军，分为五路开始东征。结果如张琳所担心（指挥不动契丹人马）的一样，东征命令下达后，五路大军中有四路行动迟缓，只有北院枢密副使耶律斡鲁朵所率领的涞流河一路深入到黄龙府附近。这期间阿骨打已经开国称帝，也率领大军正向黄龙府进发，结果两军在达鲁古城（今吉林省扶余北古城子）相遇。

就两军的数量而言，辽军有 20 万，金兵只有 1 万，辽军在数量上占有 20 比 1 的绝对优势。但是，辽军蕃汉混杂，步调不一，很难形成战斗集体，而金兵虽寡却个个勇猛，以一当十、当百。不用说，20 万辽兵被 1 万金兵打得大败，狼狈而逃。其他四路辽

军得到涞流河一路辽军失败的消息后，迅速缩头返回了驻地，阿骨打则乘势挥军攻取了黄龙府（1115年9月）。

黄龙府（今吉林省农安县）是辽廷在东北的军事重镇，也是女真人通向辽腹地的东大门。耶律延禧得知黄龙府失陷后，这才有些着急，下诏亲征，并放出豪言壮语，要一举消灭女真人。

经过一段时间的准备，辽廷在长春州（今吉林省白城市境内）聚集了10万兵马，号称70万，准备分兵而进。不料，在出兵之前的一天夜里，军士的武器突然发出了光芒，战马也都嘶叫不已，将士们都认为这是不祥之兆。

辽天祚帝心里也没了底，就找天官询问吉祥。天官或许也认为是不祥征兆，但又不敢说实情，或许根本就是个充数的人，支支吾吾，也没有说出个所以然来。南府宰相张琳上前解释说这是灭敌之兆。辽天祚帝一听，心里很是高兴，于是，为每路大军发放了数月粮草，下令出发。

辽10万大军浩浩荡荡杀向鸭子河，准备先夺回宁江州。阿骨

打得知消息后，也不示弱，率军前往鸭子河迎战辽军。

两军各自在合适的位置上扎下营盘后，没等接战，辽天祚帝突然鬼使神差地传令大军后退30里。

未战先退，无疑是兵家大忌。辽军中有懂得军事常识的将领，在辽军重新扎下营盘后向辽天祚帝建议说，我军前来征剿金兵，如今他们就在眼前，将士们正想与金兵一战，没有必要后退。辽天祚帝似乎也明白过一点道理来，但心里仍然犹疑不定。于是，就又召集众将开会，征求退敌之策。

众将也都很乖巧，相互观望，谁也不说不与金人决战。辽天祚帝见众将都不说话，便又下达了进军的命令，两军又在鸭子河畔摆开阵势。

辽天祚帝坐镇中军亲自指挥，辽兵先头部队很快与金兵战在一起。

时值寒冬，尺余深的雪被两军战马踏起，飘浮于天空，遮蔽了太阳，带有血腥的雪花，在太阳光的照射下，反射出暗红色光芒。

辽天祚帝望着空中暗红色的雪光，突然又想起了出兵前士兵们兵器夜里发光的事来，不禁心里暗想，难道这真是不祥之兆吗？这么一想，手中的指挥旗子，就不知不觉地晃动几下。就这几下，恰恰给辽兵一个错误的信号。

原来，辽天祚帝坐镇中军，用旗语指挥辽兵与金兵作战，辽兵都要看他的旗语而行动。而辽天祚帝晃动的这几下旗帜，所指方向为西南，这恰恰是辽兵撤退的旗语。

辽兵本来对金兵作战就信心不足，一见皇帝打出了撤退的旗语，就像抓到了救命稻草一样，撒腿逃命去了。

辽天祚帝跑得更快，一天一夜跑了五百里，一溜烟儿跑到长春州（今吉林省前郭塔虎城）才停下来。但是，没等喘过气来，就又得到一个坏消息，耶律章奴准备废掉他另立皇帝。

耶律章奴是皇族季父房人，即辽太祖阿保机五个弟弟的后人，至于具体是哪个弟弟的后裔不得而知。他是一个很有民族责任感的人，女真人起兵反辽后，他见辽天祚帝仍然宠幸奸佞、行猎无度，开始为国家的命运担忧。思前想后，决定废掉辽天祚帝，拥立耶律淳为皇帝，并为此而寻找适合的时机。

耶律淳就是当年大奸臣耶律乙辛为了排斥皇孙辽天祚帝而想立为储君之人，他当时虽然没有参与立储一事，却也因立储一事受到牵连，被贬出朝堂在外任职20多年，一直到辽天祚帝即位，他才重新得到重用，曾出任南府宰相，后又袭父爵担任南京留守。应该说，耶律淳在辽兴宗的众子孙中是素质比较高、能力比较出

众的一个，在诸大臣中也享有很高的威信，因此，耶律章奴才想到用他来取代辽天祚帝，以拯救辽廷危局。

耶律章奴这次担任辽军都监统军东征，他深知辽天祚帝的能力，知道这次东征必定要失败，因此当辽军到达鸭子河后，便暗中联络一些军将，着手准备废立皇帝。当辽军被金兵打败，军心浮动，辽天祚帝也忙着逃命的时候，他觉得废立皇帝的时机已经成熟，便召集亲信商议，派耶律淳的妻兄萧敌里及外甥萧延留等先行回上京，假称辽天祚帝军败下落不明，请耶律淳出来当皇帝，耶律章奴等率部分人马随后赶回上京。

不料，参加会议的人中有一人是耶律淳妃子的父亲，觉得此事难成，便向辽天祚帝告了密，耶律延禧一听有人要废立皇帝，不禁大怒，哪里还有东征的心思？一方面派人赶往皇帝行宫广平甸（今赤峰市翁牛特旗境内）保护皇后和诸皇子；一方面派人赶往上京告知耶律淳事情原委；一方面率军追杀耶律奴章。

萧敌里及萧延留先行赶回上京见到耶律淳以拥立事相告，而耶律淳心里却忧虑重重，辽天祚帝虽然下落不明，可诸皇子还在，也轮不到自己当皇帝呀！况且，当皇帝这么大的事情，诸大臣怎么没有来相劝呢！于是，就派人把萧敌里等人看押起来，以观察形势，恰在这时，辽天祚帝所派之人也到了上京。耶律淳知道了事情的原委后，吓得立即将萧敌里及萧延留等人斩首，然后提着两人的人头跑到广平甸皇帝行宫向辽天祚帝请罪。

耶律章奴在途中得知耶律淳不想当皇帝的消息后，知道废立皇帝事不能成，便来了个一不做二不休，联合上京、中京地区的农民起义部队公开与辽廷对抗，率领原有部众又沿途招募了一些流民，大肆抢掠上京、祖州、怀州、饶州等地，然后又杀向广平甸想挟持皇后妃子、诸皇子为人质，结果在途中被官兵打败，在

逃往女真的途中被抓住押送到辽天祚帝行在。

辽天祚帝二话没说便将耶律章奴腰斩示众，其余叛众也都给予严惩。这时，萧奉先又出来说话了，说耶律淳在南京主政多年，颇得人心，耶律章奴欲拥立他为皇帝，必然要联络燕地汉人，而东征汉军又多为燕地招募来的汉人，这些人肯定心向耶律淳，应该将东征汉军解散，以防后患。辽天祚帝又听信萧奉先之言，解散了东征汉军。随着汉军被解散，辽天祚帝唯一一次亲自率军对金兵作战也以失败而宣告结束。

2.　"怨军"东征

就在辽天祚帝追捕耶律章奴的同时，辽东京也正在发生着反辽事件。萧奉先之弟萧保先依靠两姐妹在宫中及兄长萧奉先的关系担任了辽东京留守，但他与兄长萧奉先一样也是一个贪赃枉法之人，平时对百姓非常严酷，民愤极大。辽东京地区多为渤海人，与女真人同宗，他们得知生女真人起兵反辽的消息后，思想也活动开来，并借辽天祚帝在鸭子河被金兵打败之机，聚众起义杀死萧保先，使辽东京陷入混乱状态。辽东京守军裨将高永昌也是渤海人，趁乱占领东京城，自称大渤海国皇帝，建立了独立政权（1116年正月），并主动派人与阿骨打联系，欲联合大金国一起灭亡辽王朝。

辽天祚帝平定耶律章奴叛乱，解散汉军结束东征后，觉得又有了喘息之机，便不顾大臣们的反对，又前往岭西打猎，正在行猎中传来高永昌自立为大渤海国皇帝的消息。辽天祚帝先是派人前去招抚，见高永昌不附，便派张琳前去攻打高永昌。

张琳出生在沈州（今沈阳市），又在辽东工作过几年，在社会上有一些影响力，于是在辽东辽西招募流民失业者 2 万余人，前去征剿高永昌。

双方大小 30 余战，高永昌多不利，退保东京城（今辽宁省辽阳市）。张琳则乘机进入沈州城（今辽宁省沈阳市），稍事修整，便率军前去攻打东京城。不料，在城外刚扎下营寨，便有一股金兵也来到东京城外。

原来，阿骨打在鸭子河打败辽天祚帝后，也把目光投向了辽东，正在谋划出兵之计，便接到高永昌以大金国承认他为大渤海国皇帝为条件，双方联合灭辽的信息。阿骨打自然不愿意别人从自己碗中分羹，就没有答应高永昌的要求，而是派人招抚高永昌，让其归附自己。高永昌当然也不愿意接受这样的条件，双方不欢而散。阿骨打于是派军前去攻取辽东地区，出现在东京城周边的金兵，正是前来打探情况的先头部队。

张琳见突然出现了一队金兵，也不敢再攻打东京城了，急忙下令辽兵撤回沈州。可撤回城中不久，

便接到金兵发来的照会，说金兵应高永昌邀请，准备出兵辽东，让辽兵有个思想准备。张琳接到金兵的照会后，以为是高永昌的诈敌之计，就没有理会，也没有加强城防。不料，当天金兵就攻到沈州城下，并很快攻破城池，张琳在卫兵的保护下，带领家人及臣僚从城墙顺绳而逃，才保得一条性命。

金兵则一鼓作气，打败高永昌，占领东京城，进而获取了辽东 50 余州县地。

辽天祚帝此时正在山里打猎，得知东京城被金兵占领，辽东地区陷入金人之手后，免除张琳宰相之职，晋封耶律淳为秦晋国王、都元帅、东征总指挥，授权其招募军队，前去收复辽东地区，

然后就又跑到山里打猎去了。

耶律淳因没有迎合耶律章奴立自己为皇帝，从而得到辽天祚帝的信任，因此才有如此重用。他受命组织人马东征后，利用几个月的时间，在辽西地区招募 2 万人马，起名为"怨军"，准备择机东征。不料，没等东征，"怨军"就发生了哗变。耶律淳又费一番力气平定了哗变，然后才率领"怨军"开始东征。

因金兵正在稳定辽东地区，对辽西采取防御策略，因此耶律淳率"怨军"顺利渡过辽河，进至沈州城下。或许是进军过于顺利的缘故，耶律淳心存侥幸，来了个先礼后兵，先向城中射去一封劝降书信，见金兵不投降，这才开始指挥攻城。不料在攻城的过程中，接到金兵前来增援沈州的消息，不敢再战，撤军退保辽河。

辽天祚帝得知耶律淳退兵后，将其诏至行在，再议东征事宜。经过商议，准备组织"怨军"、上京、豪懿、显四路大军，仍由耶律淳率领，秋季时再行东征。

为了增加"怨军"的兵力，耶律淳又在燕（今北京市）、云（今山西省大同市）、平（今河北省卢龙县）等地选择禁军 5000 人，在这些地区的富民中招募新军 2000 人，又征调民工 3000 人，使"怨军"增加到 30000 人。

这期间辽南京的易州境内发生了董庞儿所领导的农民大起义，辽廷因忙着镇压农民起义军，就又耽搁了一些时日，一直到年底（1117 年），耶律淳才率领以"怨军"为主的四路辽兵再次东征，而此时辽东的金兵也已经站稳了脚跟，开始向辽西进军。双方在卫州蒺藜山（今辽宁省彰武县境内）相遇。两军刚一接战，辽兵又是溃败而逃，"怨军"东征也随之以失败而告终。

3. 辽金议和

随着"怨军"东征的失败，辽廷上下对金兵作战都丧失了信心，辽天祚帝开始考虑与金议和一事。其实，阿骨打建立大金国（1115年正月）后，辽天祚帝就已经开始派人与阿骨打接触商量双方罢兵议和事宜，只不过当时辽廷并不想与金廷平等议和，而是以大压小，让金罢兵，双方建立宗（大辽国）属（大金国）国关系，对于这样的条件，阿骨打自然是不会接受的。因此，在随后的三年时间里，双方战争与议和同时进行。就议和而言，双方主要有过以下几次接触。

辽天庆五年（1115年）正月，辽天祚帝得到阿骨打开国称帝的消息后，便派耶律阿息保和耶律章奴（即废立皇帝之人）拿着辽廷议和书信前往金廷议和。辽廷提出的议和条件是，只要阿骨打罢兵，就可以承认其所建立的金国，但金国要以属国身份向辽纳贡。

阿骨打刚刚开国称帝，踌躇满志，自然是不会答应辽廷的议和条件的，反而向辽廷提出交出叛人阿疏、把黄龙府迁到别地的

谈判条件。同时，把耶律阿息保扣下，只让耶律章奴一人回去复命。

辽天祚帝得到阿骨打的条件后，仍然不死心，就又派耶律章奴前往金营议和（3月）。这次辽廷的口气比前次强硬了一些，直呼阿骨打的名字，要求他马上罢兵。阿骨打也没有客气，在回信中也直呼辽天祚帝的名字，并扣下五名辽使。

辽天祚帝没有计较阿骨打对自己不恭，又派耶律章奴前往金营议和（5月），阿骨打则反客为主，在回信中反劝辽天祚帝投降大金国。

辽天祚帝这时似乎才感觉到与金议和希望不大，便下诏准备亲征，结果没等亲征，阿骨打就率兵攻陷了黄龙府（9月）。再接下来，便发生了辽天祚帝东征兵败鸭子河、耶律章奴废立辽帝、"怨军"东征等事件。

"怨军"东征失败后，辽廷上下对金作战都丧失了信心，辽天祚帝更是连上京都不敢待了，而是跑到中京准备起自己的后路来。

辽中京（今赤峰市宁城县大明镇）是辽朝中后期经济、金融中心，是辽五京中经济、文化较为发达地区，贮藏着辽廷的大量财富。辽天祚帝来到中京后，偷偷地命人打点珠玉、珍玩五百多包，准备骏马两千多匹，以便随时逃跑。并且还不知脸红地对侍从说，如果女真人真的来了，我有这些日行三五百里的马，与宋朝是兄弟，与西夏也有甥舅关系，跑到这两个地方避难，也可以快快活活地生活一辈子。

但是，或许辽廷灭亡还不到时辰，就在辽天祚帝时刻准备着逃跑的时候，金国议和使者来到了辽中京（1118年正月）。

阿骨打主动与辽廷议和不过是缓兵之计。客观地讲，阿骨打起兵反辽时，并没有完整的灭辽计划；二千五百名（金兵攻取辽东京时，军队也只是发展到两万人左右）女真将士只用不到三年的时间就攻取以辽东京为中心的辽东地区及辽西部分地区，这也是包括阿骨打在内的所有女真贵族们所没有想到的。同时，金兵攻取辽东地区后，金政权与高丽及北宋（隔海）接壤，如何处理与这两个国家的关系，也是金廷必须要考虑的问题。因此，阿骨打在获取辽东地区后，便停止了对辽用兵，通过与辽廷议和来争取时间，一方面巩固和完善刚刚建立起来的国家政权，一方面谋划灭亡辽王朝计策。

辽廷自然不知道金国主动议和的真正用意，辽天祚帝更是高兴得就像抓住了救命稻草一样，立即命大臣们商议与金议和事宜。高兴之余就如同打败了女真人一样，竟大言不惭地对臣僚说："我有威德，女真人有什么了不起的。"（《契丹国志》）

萧奉先看到辽天祚帝想与金议和，更是献媚说只要答应金国议和的条件，就可以平息双方的战争。

于是，辽金两国就议和一事开始了为期两年的谈判（公元1118 年正月开始）。

由于金并无与辽议和之诚意，因此，当辽议和使臣到达金廷后，阿骨打便提出了十条苛刻的议和条件，大致内容是：辽廷册封阿骨打为大圣大明皇帝、承认女真政权的大金国号、大金国皇帝乘玉车、穿龙服、使用玉玺、双方以兄弟相称、重大节日双方互派使臣问候、辽廷每年向金进贡 25 万银帛（即分宋给辽岁贡的一半）、割让辽东、长春两路给金、交出阿鹘产、赵三两个叛人（即到咸州状告阿骨打之人）。

辽廷对于这样盛气凌人的议和条件，当然是不能全部接受，于是就又派人到金廷讨价还价，这也正是金廷所希望的局面，双方进入马拉松式谈判。

金与辽谈判本就是缓兵之计，而辽金议和也同样给了辽廷喘息之机。但是，辽廷并没有利用这段难得的喘息时间来整顿朝纲、收拢人心、组织军队、谋划防御或抵抗金兵之策；辽天祚帝更是把所有希望都放在与金议和上，仍然不理朝政、打猎行乐如常；萧奉先更是独揽朝政，下面上奏的一些奏章，自己随意处理，连皇帝都见不到奏章了。辽廷皇帝昏庸无道，大臣奸佞，无能无为，民间就更不用说。在辽金议和过程中，各地起义反辽事件不断发生，就连跟随耶律淳一起东征而被打散的"怨军"，也组织起来造反了，举诚投金的事例更是不胜枚举，甚至有些节度使也率兵领民逃往金国，辽国已经是一派国破家亡的景象了。

　　阿骨打则利用与辽廷议和的时间，整顿吏治、完善制度、训练军队、创制和颁行女真文字、积极恢复和发展经济，为最终灭亡辽王朝做着积极的准备。更主要的是，金与辽议和的同时，还与北宋达成了双方一致灭辽的盟约。

　　金与北宋联合灭辽的主动方是北宋，而始作俑者是一个叫马植的人。此人出生于辽南京地区的大家望族（辽末汉族世家大族中，马姓者有四，即马得臣、马保忠、马人望、马直温四大家族，马植为哪家之人不得而知），

曾在辽廷官至光禄卿，因生活作风问题（乱伦）而为时人所不齿，由此对社会产生敌对情绪，甚至萌生了推翻辽王朝的想法。或许是天遂人愿，正在他寻找机会的时候，童贯来到燕京（即辽南京，今北京）。

童贯是我国历史上鼎鼎大名的宦官，也是北宋"六贼"之一，因在宋与西夏的战争中屡立战功，被宋徽宗所倚重，成为北宋末年与大奸臣蔡京齐名的宠臣、权臣。他在北宋与西夏的战争中屡屡打败西夏兵马，便有些不知天高地厚，竟然幻想着率兵北上收复燕云十六州，以建不世之功。

北宋自太宗赵光义之后，历任皇帝都没有收复燕云的想法，宋徽宗赵佶自然也不例外，但他见童贯把西夏打老实了，又主动提出去收复燕云十六州，便也想入非非，也想借童贯的光捞个千古之功，就同意了童贯的请求，任命其为祝贺辽帝耶律延禧生日副大使出使辽朝，实则是借机打探辽朝军情。

辽天祚帝和辽廷诸大臣自然不知道童贯来访另有目的，还都在嘲笑宋朝没人而让太监当使臣。童贯并不在乎辽廷君臣的嘲笑，在辽王朝转了几月有余，在回返途中住在燕京被马植得知。

马植自称有灭辽计策求见童贯，而童贯本为寻灭辽之策而来，一听有人献灭辽之计，便立即召见了马植。两人面谈有时，甚是投机。童贯于是把马植秘密带回宋廷，改名为李良嗣，引见给宋徽宗，马植遂向宋徽宗献上了宋与女真人联合灭亡辽王朝计策。

宋徽宗一听非常高兴，赐马植姓名为赵良嗣，让其与童贯等谋划收复燕云十六州（公元1111年）。但此时女真人尚未起兵反辽，宋与女真人也没有什么实质性的联系。

阿骨打攻取辽东地区后，辽东地区的一些汉人开始逃往高丽和渡海到宋境避难，宋廷这才知道女真人已经占领了辽东地区（1117年7月，即阿骨打攻取辽东京城一年后），于是，派人渡海到辽东，以经商为名，打探女真人虚实。经过一年多的试探，宋廷正式派使臣前往金廷与阿骨打商议双方联合灭辽事宜（1118年12月）。

女真人由于受契丹人的阻隔，原来与中原的宋政权接触不多，跟宋人打交道心里没底，因此阿骨打与宋廷接触持谨慎态度，双方的接触也不过都是一些礼节性的东西，而此时辽与金的谈判也有了一些进展。

金与辽议和虽然是缓兵之计，但架不住辽廷一让再让，经过一年的谈判，终于具体到册书内容上。

辽天庆九年（1119年）三月，在萧奉先的操办下，辽天祚帝派萧习泥烈等一行册封使臣，拿着天子衣冠、玉册、金印、车辂（即玉辇）、法驾等皇帝御用之物，前往金上京册封阿骨打为东怀国大圣大明皇帝。

阿骨打本无与辽议和之诚意，于是就又对册书内容挑三拣四，要求辽廷重新改写册书。接下来双方又进入马拉松式谈判，而萧奉先又从中作梗，既要看辽天祚帝的脸色行事，又想满足金廷的要求，有时看到辽天祚帝不高兴，就把双方谈判的事情压下不报，看到辽天祚帝高兴时再上报。这样一来，双方的谈判就又拖到年底，而谈判的焦点也最终落在了"大圣"两字上。

原来，辽太祖的封号是大圣大明神烈天皇帝，而阿骨打要求辽廷也册封他为大圣大明皇帝。辽廷认为"大圣"封号与辽太祖封号冲突，要求金国另选封号，金国坚持不改封号，双方僵持不下。

就在双方就"大圣"封号僵持不下的时候，金与宋联合灭辽

却有了突破性进展，基本达成一致意见，宋廷派赵良嗣（马植）带着宋徽宗手书前往金国，约定双方南北夹击灭亡辽王朝。

4. 上京失陷

辽天庆十年（1120 年）三月，阿骨打与宋就联合灭辽基本达成一致意见后，觉得灭辽时机已经成熟，便不再与辽玩文字游戏，也不等与宋约定具体出兵灭辽时间，便把辽廷派来商议"大圣"两字的使臣扣下，兵分三路开始进攻辽王朝。正在行军途中，宋使赵良嗣来到金营，阿骨打于是邀他一起随金军行动，观看金兵攻打辽上京。

而此时的辽天祚帝正在山里打猎，得到金国再次举兵进攻的消息后，也只是派 3000 人马前去增援前方军队，然后就一口气跑到南京、西京相对比较安全的地区接着打猎去了。

辽兵根本没有与金兵作战的勇气，再加上对金兵进攻没有心理准备，因此阿骨打所率一路大军没有遇到辽兵像样的阻挡，便攻至辽上京城下，只用了半天时间，就攻占了上京城（公元 1120年 5 月）。然后，又分兵攻取了

辽祖州（今赤峰市巴林左旗境内）、庆州（今赤峰市巴林右旗境内）、怀州（今赤峰市巴林右旗境内）等地。

这三个州城不但葬有辽太祖（辽祖州）、太宗（辽怀州）、穆宗（辽怀祖）、圣宗（辽庆州）、兴宗（辽庆州）、道宗（辽庆州）等六位辽王朝皇帝，而且因是耶律氏皇族的发祥地，还建有众多富丽堂皇的建筑物。金兵进攻这些州城时，哪管什么辽陵、祖庙、宫宇等，连烧带抢，一扫而光。特别是辽祖州的太祖天膳堂、辽怀州的太宗崇元殿、辽庆州的望仙、望圣、神仪等祭祀性建筑，几乎全部焚毁。

金兵一鼓作气推进至黑河（今赤峰市巴林右旗境内查干沐沦河），鉴于"路远天热，兵马疲惫，如果深入敌境，粮饷供应不足，恐怕后来有困难"才停止进军，原地休整。

在金兵攻下辽上京城后，宋使赵良嗣（马植）随阿骨打一起打马从南门进入辽上京城，见到辽太祖的建国碑，颇有感触地诗兴大发，当即赋诗一首："建国旧碑明月暗，兴王故地野风干；回头笑向王公子，骑马随京上五銮。"

赵良嗣此时诗兴大发，或许是为了

迎合阿骨打，或许是在庆祝自己的灭辽计策正在实现。但是，有一点他肯定没有想到，那就是金灭辽后，宋也随之被金所灭，他也因献宋金联合灭辽之策被杀头。

赵良嗣没想自己的后事，却在想着与金联合灭辽的事情。进入辽上京城后，便把宋徽宗赵佶的亲笔书信拿出来，与阿骨打协商双方联手灭辽的具体事项。

双方就盟约的具体内容进行了商榷，大致内容如下：一是宋朝把进贡给辽的岁币，转纳给金国；二是金兵自辽上京、辽中京一路，向古北口进发，然后攻取辽西京，宋兵从雄州向白沟进攻，攻取燕京（即辽南京）；三是灭辽后燕云十六州归宋朝所有。

宋金这份联合灭辽盟约，虽然是在辽上京敲定的，但是双方接触却是从海路开始的，因此史称"海上之盟"。

赵良嗣离开后，阿骨打又挥军南下准备攻取辽中京，当走到平地松林时（今赤峰市克什克腾旗和翁牛特旗一带），由于天气炎热，牛马得了疫病，于是停止进军，并放弃已经占领的辽上京地区，率大军返回金上京修整（1120年9月）。

阿骨打停止进军并放弃对辽上京地区的占领，不仅使耶律延禧逃过了一劫，而且为辽廷重整旗鼓，与金兵决战留出了时间。

就当时的形势而言，金兵因放弃了对辽上京地区的占领，也只是占领了以辽东京为中心的辽东地区及辽西部分地区，辽廷还控制着中京、南京、西京等大片国土，还有与大金对抗或决战的资本或实力，而且就军事力量而言还要远远地大于大金。更主要的是，辽王朝实行的是行国与城国并行制度，辽上京虽然属于辽王朝首都，但是政治中心却在皇帝的斡鲁朵，即皇帝的行宫，也就是说辽王朝的政治中心并不在皇都，而是随皇帝的行宫（斡鲁朵）而移动。进一步来说，辽上京失陷后，并不影响辽帝对全国的统治。

因此辽上京失陷后，辽廷完全可以趁阿骨打撤兵回去修整之机，恢复对辽上京地区的统治及组织全国军民对金作战。

但是，辽廷并没有抓住这一有利时机，动员全国军民同仇敌忾，与金兵决战，而是围绕着皇权之争，后院又着起火来。

5．耶律余睹叛辽

辽天祚帝即位当皇帝时就已经有四个皇子，其中，燕国妃萧师姑生一子耶律挞鲁（行四）；元妃萧贵哥生二子耶律定（次子）、耶律雅里（行三）；昭容（不知姓名）生一子耶律习泥烈（长子），而他的正妃即燕国王妃萧夺里懒生两皇子都没有成活。

按照惯例，辽天祚帝即位后应该册封皇后，条件成熟时也要册立太子。但是，辽天祚帝即没有册封皇后，也没有立太子，这

是很不正常的，主要原因就是萧奉先在作梗。

萧奉先是皇后萧夺里懒之弟、元妃萧贵哥之兄，自然是对后宫和储君之位虎视眈眈。当时萧奉先虽然还没有手握大权，却与手握大权的北院枢密使耶律阿思关系密切，从而得以干预皇帝册皇后立储君一事。

按照惯例，燕国王妃萧夺里懒（即萧奉先的姐姐）是皇后第一人选，燕国妃萧师姑是皇后第二人选，元妃萧贵哥（萧奉先的妹妹）等其他妃子是皇后第三人选；皇后入主后宫后，其子自然也就被立为太子。

按照母以子贵原则，昭容所生耶律习泥烈虽为皇长子，但因地位低下，母子俩自然退出皇后和储君竞争之列；燕国王妃萧夺里懒因没有生育皇子，自然也就不能成为皇后的唯一人选。这样一来，皇后主要是在燕国妃萧师姑和元妃萧贵哥两人间选择，储君也要在这两人的三个皇子中选择。不过，这里面还有一个矛盾，那就是燕国妃萧师姑的地位要比元妃萧贵哥高，而萧贵哥之子耶律定要比萧师姑之子耶律挞鲁年长。

当然，诸妃子的家族势力，即诸皇子的舅舅们的权势也是争夺皇后及储君之位的主要因素。在这种复杂情况下，耶律延禧即位后才没有立即册封皇后。但是，他虽然没有册封皇后，却册封燕国妃萧师姑所生皇子耶律挞鲁为燕国王，这无疑是萧奉先所不能接受的。因为耶律延禧及之前的几位皇帝都曾被册为燕国王。也就是说，皇子被册为燕国王就意味着将来要接皇帝班。因此，萧奉先开始排斥燕国妃萧师姑母子，这母子俩也终于在辽天祚帝即位的第四年（1104年）相继去世。紧接着，萧奉先如愿以偿地把姐姐萧夺里懒推上皇后之位。

或许在萧奉先看来，燕国妃萧师姑母子一死，姐姐萧夺里懒是皇后，那妹妹萧贵哥的长子耶律定早晚就是储君了，因此也就没有急着把外甥耶律定立为储君。不料夜长梦多，时间不长，辽天祚帝便又有了新欢，册封了一位文妃萧瑟瑟，而这位文妃不久就生下一皇子耶律敖鲁斡。更主要的是这个耶律敖鲁斡，不仅聪明伶俐，而且各方面素质都很出众，深得辽天祚帝的喜爱，也被朝中诸大臣们寄予厚望，自然也就成为耶律定的竞争对手。

这样一来，围绕储君之位，确切地说是围绕着皇权之争，便形成了两个阵营。耶律定阵营的代表人物自然是萧奉先；耶律敖鲁斡阵营的代表人物则是耶律余睹。

耶律余睹是皇族近支，确切地说他是辽廷某个皇帝的后裔，至于是那个皇帝的后裔就不得而知了。此人是文妃萧瑟瑟的妹夫，长期在军队中任职，为人慷慨仗义，在军队中和社会上都有一定的威信。他见大姨子文妃所生皇子耶律敖鲁斡才能出众，在国人中有一定的威望，心里暗自高兴，自然也期望着这个外甥将来能够继承皇位。

或许是由于辽天祚帝年龄尚轻的缘故，在阿骨打起兵反辽之前，双方的斗争并不怎么激烈，也没有公开化。但是，随着东京、上京等地被金兵攻陷，人们对辽天祚帝彻底失去了信心，便把拯救国家危亡的希望寄托在了下任皇帝身上，从而把更大的希望寄托在了皇子耶律敖鲁斡的身上，希望他能够继承皇位，挽救辽王朝命运。

这样一来，文妃萧瑟瑟与妹夫耶律余睹自然是高兴了，经常在一起议论探讨耶律敖鲁斡当皇帝的问题。萧奉先自然不高兴了，便使出奸佞伎俩，开始陷害文妃萧瑟瑟，以排斥皇子耶律敖鲁斡。

文妃萧瑟瑟是继辽道宗皇后萧观音之后，契丹族又一著名女诗人，同时也是一位民族责任感很强的人。阿骨打起兵反辽后，她忧国忧民，见夫君辽天祚帝畋猎无度，不恤国事，就或用诗词或当面对夫君加以劝谏，并且用诗词来暗示国家将亡在萧奉先手中。不料，辽天祚帝不但不听劝，反而对文妃萧瑟瑟冷淡疏远起来，结果又给萧奉先使用奸计创造了机会。

辽保大元年（1121年）正月（即阿骨打从辽上京撤军五个月后），文妃萧瑟瑟三姐妹在军中会面，萧奉先从眼线那里得知这一消息后，觉得出手的机会来了，便立即指使人诬告萧瑟瑟与耶律余睹等谋反，想把辽天祚帝拥为太上皇，立耶律敖鲁斡为皇帝。

辽天祚帝虽然不思退金之策，可对废立皇帝一事却非常敏感，立即下令将文妃萧瑟瑟等有关人员处死，皇子耶律敖鲁斡因没有参与此事而幸免于难。

耶律余睹时任辽军都统，正在军中筹划抗辽事宜，并没有与文妃萧瑟瑟等人会面。得知大姨子文妃萧瑟瑟等被杀的消息后，知道萧奉先绝不会放过自己，便率领数千亲兵逃往金国。

就如同当年萧海里叛辽给女真人增加了反辽信心一样，耶律余睹叛辽归金，也给金人增加了灭辽的信心。

其实，阿骨打从辽上京撤兵，除了天气炎热、将士得病而外，还有一个很重要的原因，就是对辽内地军情不清楚而没敢贸然进军。因此，当得到耶律余睹叛辽逃到金国的消息后，立即将他召到金上京寻问辽廷军事部署情况。

耶律余睹长期在辽军队中任职，对辽廷的军队及军事部署情况很清楚，便把所知道和掌握的情况和盘托出。

阿骨打掌握了辽廷的军事部署后，立即决定再次举兵攻辽，并派人到宋廷商量双方一起发兵攻辽时间。由于宋廷当时正忙于平定方腊起义，没有具体出兵时间表，阿骨打便决定单方面对辽用兵。

辽保大二年（1122年）正月，阿骨打以耶律余睹为先锋，任命弟弟完颜杲为都统对辽发起进攻。金兵在耶律余睹的带领下，一路势如破竹，不到一个月时间，便攻陷高州（今赤峰市元山区境内）、恩州（今赤峰市喀喇沁旗境内）、辽中京（今赤峰市宁城县大明镇）、泽州（今河北省平泉县境内）等地区，兵锋直指辽西京。

此时，辽天祚帝正在辽南京地区游猎，得到金兵攻占中京的消息后，吓得不敢在南京停留了，任命耶律淳留守南京，便惊慌向西逃窜。而在逃窜的过程中，萧奉先这个祸国殃民的家伙，还

揭秘 契丹
辽王朝
JIEMI QIDAN
LIAOWANGCHAO
QIDAN SHANGWANG
契丹殇亡 /174

在想着迫害皇子耶律敖鲁斡的事情。他对辽天祚帝说，耶律余睹是皇族人，不可能希望辽朝灭亡，他引领金兵攻辽，不过是想立他的外甥耶律敖鲁斡为皇帝罢了，如果把耶律敖鲁斡杀死，就可以不战而使耶律余睹退兵。

辽天祚帝显然是彻底昏了头，就又听信萧奉先的话，派人将亲生儿子耶律敖鲁斡凌迟处死。

耶律敖鲁斡在诸皇子中最有威望，也被国人寄予厚望，希望他将来能够继承皇位，以拯救国家。他被杀害的消息传开后，从辽臣辽将辽兵到平民百姓都无不为之叹息，也都对辽王朝彻底失去了信心，从此辽兵将无心再与金兵作战，人心也开始涣散。

6. 短命北辽

辽天祚帝杀死自己的儿子耶律敖鲁斡之后，接着逃到西京，觉得西京也不安全，就又接着西逃，可逃着逃着就没有路可逃了，

只好逃进夹山（今内蒙古五川县北）避难（1122年3月），西京（今山西省大同市）也随之被金兵攻陷（1122年4月）。

与此同时，辽南京城里又成立了一个新政权——北辽。

耶律淳率"怨军"东征失败后，并没有受到什么责任追究，而是继续镇守南京。金兵攻陷辽中京，辽天祚帝逃往西京时，耶律淳又受命留守南京。辽天祚帝逃进夹山与外面失去联系后，南京城内一些留守臣僚开始酝酿拥立耶律淳为皇帝，建立独立政权，这其中以李处温最为积极。

李处温是耶律俨（即辽道宗《题李俨黄菊赋》中的李俨）的侄子，也是一个善于阿谀奉承之人，依仗伯父耶律俨的关系出仕为官，又靠着奸佞手段巴结上萧奉先。耶律俨去世后，李处温在萧奉先的提携下官至宰相。辽天祚帝西逃后，李处温与另一宰相张琳一同辅佐耶律淳镇守南京。

辽天祚帝逃进夹山没有了音讯后，李处温便撺掇张琳、萧干、耶律大石、左企弓等一些留守南京的大臣们，一起拥立耶律淳称帝，其真实目的是想以此获取拥立首功，在新政权中获得更大的利益。

耶律淳或许是对以前别人拥立自己当皇帝事件（耶律乙辛曾想拥立他为储君，耶律章奴曾想拥立他为皇帝）还心有余悸，坚持不当皇帝。

李处温见耶律淳推辞不当皇帝，便组织了若干人来到耶律淳的住所作说服工作。见耶律淳仍然不答应，便来了个"霸王硬上弓"，命人将早已准备好的龙冠和龙服给耶律淳穿戴上，然后又率领众人跪拜于地三呼万岁，见耶律淳还是不答应，李处温们就跪地不起，呼喊不止。

这一招果然好使，耶律淳见众人如此诚心诚意，便不好再推辞了，勉强答应当了皇帝。建元建福，自称天锡皇帝，组建了独立政权，史称北辽（公元1122年3月）。

耶律淳从小生活在皇宫里，与诸皇子皇孙相比，也算是一个出头人物，因此在辽廷诸大臣中、甚至是在国人中获得了一个好人缘，被人们很看好。亦因此才前有耶律章奴想拥立他为皇帝以代替昏庸无道的辽天祚帝，后有李处温们把他推上北辽皇位。但是，实践再次证明，理想与实际是有差距的。

其实，耶律淳在辽天祚帝东征失败、耶律章奴拥立他代替辽天祚帝以拯救国家危亡的时候，他没有答应，就已经证明他是一个成就不了大事的人。而他所组织的"怨军"东征失败，又证明他并非是一个优秀的军事人才。这样的人即便是真的当了皇帝又能有什么作为呢？况且还是乱世中的皇帝。从这一点来看，耶律淳几次推辞不当皇帝，并非虚情假意，而是有着自知之明的。

耶律淳虽然不想当皇帝，可既然被众人推到了皇帝的座位上，自然也是要履行皇帝职责的。而所做的第一件事便是把辽天祚帝降为湘阴王，把辽王朝版图一分为二。大漠以北及西南、西北面归辽天祚帝所有；燕、云、平、上京、中京、辽西六路归自己所有。

从这件事上不难看出，耶律淳把自己的北辽政权定格在了辽天祚帝合法政权的对立面，从而把辽王朝分裂为两个政权，抛弃了一半的国土和人民。这无疑暴露出北辽政权自建立时起，就没有领导全国人民抗金的信心和决心，而是仅仅想保住自己的利益的想法。这样的政权，自然是不会得到拥护的，这也就从根本上注定了北辽是一个短命的政权。

耶律淳所做的第二件事，便是派人到宋廷，以免除宋向辽的岁贡，来求得宋廷的支持。当然，联宋或抗金或对抗辽天祚帝政权不失为上策。但是，计策再好，主动权却掌握在宋廷手里。

宋廷与金联手灭辽的目的，就是想收复燕云十六州，如今辽天祚帝跑到夹山藏了起来，宋廷正跃跃欲试想收复燕云，岂能让耶律淳再在燕京成立一个新政权？因此，北辽信使刚踏上宋朝土地，便被阻挡在边境。宋徽宗更是以辽天祚帝尚在，耶律淳不当立为由，命令边将把北辽信使撵了回去。

耶律淳见宋朝不搭理自己，便掉过头来，又想与金求和，以北辽为金附庸为条件，求得金兵停战。

阿骨打起兵反辽，就是要灭亡辽王朝，自然是不允许耶律淳这个北辽政权存在的。因此当着北辽信使的面，先把耶律淳在国家危亡之际，不思如何报效国家，而是擅自成立政权苟且偷生嘲笑了一番，然后命北辽政权立即投降，否则就消灭之。

耶律淳见宋朝不承认自己，大金国又要消灭自己，一着急竟然卧病不起了。而就在这个当口，宋廷又发兵来攻打燕京了。

按照宋金"海上之盟"的约定，燕云十六州要由宋廷自己攻取，因此金兵才没有进攻燕京（即辽南京），而是绕过燕京直取西京。但是，宋廷在如何攻取燕云十六州的问题上，始终没有拿出切实可行的方案，而是畏畏缩缩。在金兵攻取辽中京接着向南进军的时候，宋廷也没有按照"海上之盟"中双方同时出兵灭辽的约定而出兵燕云。当金兵把辽天祚帝撵到夹山并攻取辽西京后，宋廷才有些着急，这才命童贯率领宋军驻扎于宋辽边境，寻机先收复燕京。

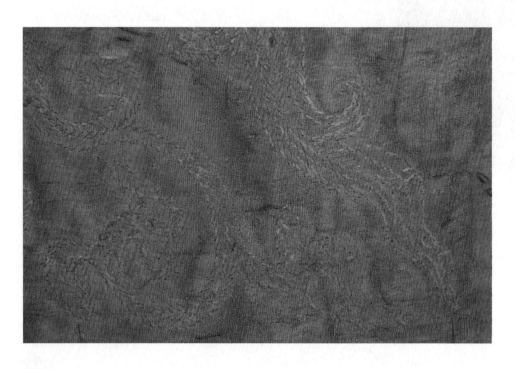

　　童贯本来就主张以兵收复燕云，因此率兵来到宋辽边境后，先派人劝降耶律淳，见耶律淳不答应，便分兵东西两路开始攻打燕京。

　　耶律淳得到宋兵前来攻打燕京的消息后，急忙命大将萧干率军迎击宋西路军，耶律大石率军迎击宋东路军。

　　宋辽这次交战是双方签订"澶渊之盟"（1004年）118年以来的第一次交兵，也是北宋政权建立以来第三次主动攻打辽王朝（前两次都发生在一百多年前的宋太宗朝）。在这100多年的时间里，双方的皇帝换了好几个，军队从将帅到士兵，也都换了好几茬。但是，也有没换的东西，那就是辽胜宋败。宋兵被耶律大石、萧干击败，横尸遍野。

　　宋徽宗本来就对辽用兵信心不足，因此才迟迟没有出兵收复燕云。当得知宋军大败的消息后，立即下令宋军班师，不得再贸然进攻辽境。

　　宋军虽然被打败了，但耶律淳却坚持不住了，只当了百日北辽皇帝（98天），便在宋军被打败不久病逝（1122年6月）。

　　耶律淳病逝后，北辽政权群龙无首，遂进入了内讧时间段，李处温自然也就又有了"用武"之地。

　　在耶律淳病重期间，曾传出辽天祚帝要杀回燕京的消息，李处温就有些害怕。这也不难理解，他是北辽政权的始作俑者，辽天祚帝要杀的第一个人自然就是他，因此他极力主张阻止辽天祚帝回燕京。为了达到这一目的，他又主张迎接耶律定（元妃萧贵哥之子，萧奉先的外甥）来当北辽皇帝，用儿子（耶律定）来抗衡父亲（辽天祚帝）。但当时耶律定跟着父亲辽天祚帝西逃了，不知道什么时间才能找到，于是就暂由萧德妃（耶律淳的皇后）权摄北辽国政。

　　萧德妃刚刚摄政，宋军又来进攻，且攻破燕京外城。萧德妃

组织城内军民奋力抵抗至援军到，再次打败宋军。但是，就在这个时候，宰相李处温却又生出投降宋金之心。

李处温见耶律淳死了，北辽政权必不会长久，便暗中与宋军联系，以献出燕京城为条件，想在宋廷捞取一官半职。同时为了多给自己留条后路，又与金兵联系，也以献城为条件，想在金国找条出路。可世上没有不透风的墙，李处温的活动很快就被人告发。

萧德妃本来就对李处温强行拥立丈夫耶律淳当皇帝不满，得到其暗通宋廷和金人的消息后，立即将李处温父子及有关人员处死。但北辽政权没等喘息过来，便又传来金兵前来攻打燕京的消息。

按照宋金"海上之盟"的约定，燕云十六州虽然要由宋廷自行攻取，但在签订盟约时，阿骨打又多了一个心眼，与宋口头约定，如果宋不能攻取燕云十六州，则金可以攻取。因此阿骨打见宋军几次出兵都没有攻取燕京，便从西京回军攻打燕京，以便在金宋关系中占据主动。

萧德妃得知金兵前来攻打燕京的消息后，自知不是对手，便五次派人前往金营，请求立耶律定为北辽皇帝，北辽甘为金的附庸。

阿骨打当然不会同意这样的请求，率兵长驱直入，很快兵临燕京城下。萧德妃在萧干和耶律大石的保护下逃出城去，燕京也随之被金兵攻陷。

北辽政权仅存世十个月，便被金兵灭亡（1122年12月）。

7．天祚帝被俘

辽天祚帝逃进夹山后，遂对全国失去了控制，在绝望之际，也终于看清了萧奉先的奸佞之相。但也应了那句人之将死其言也善的话，他并没有处死萧奉先，而是将萧奉先父子撵出夹山了事。

可萧奉先父子走出夹山不远，便被金兵抓住，在押往金营的途中又被辽兵抢回来送到夹山。

辽天祚帝正在为自己的出路发愁，或正在为自己被萧奉先所害而懊恼，见萧奉先又回来了，不禁大怒，立即下令将其处死。但是，处死萧奉先也只是解解气而已，却解决不了自己的出路问题。思来想去，决定做最后的努力，派人四处去求勤王之兵。正在这时，传来了耶律淳在燕京称帝把自己降为湘阴王的消息，不禁恼羞成怒，向附近州县发出命令，准备集结军队杀回燕京城。但是，走出夹山不远就遇到了金兵，只好又返回到夹山中。

辽天祚帝退回夹山不久，一些勤王之兵先后来到夹山。他见手里又有了一些兵马，便又来精神，在一个叫石辇驿的地方修筑工事，准备防御金兵。这一行动自然也逃不过金侦察兵的眼睛。

辽保大二年（1122年）八月，阿骨打在耶律余睹的带领下，挥军追到石辇驿。当时金的先头部队只有一千余人，而辽兵有

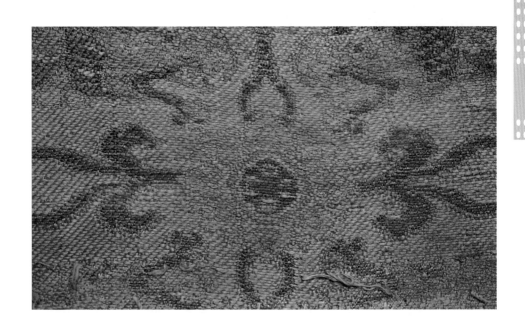

二万五千余人，两军交战后，辽兵很快便把金兵包围，形成围歼之势。

辽天祚帝见自己的军队把金兵包围起来了，心中不禁一阵高兴，找了一个山头，打开遮阳伞，与诸嫔妃们一起观战。不料，这一举动被耶律余睹看见，告诉了金将完颜宗望。

完颜宗望二话没说，打马向山头上冲去。辽天祚帝正在观战，远远地看见有金兵向自己冲来，吓得骑上马就逃走了。辽兵见皇帝跑了，也都无心再战，纷纷逃命而去。

金兵追击一段路程后，传来了宋廷派童贯率军攻打燕京的消息，阿骨打为了在与宋瓜分燕云土地时占据主动，便没有继续追击辽天祚帝，而是回军攻打燕京，辽天祚帝这才又逃过一劫。就在他在夹山里游荡之际，耶律大石带领着七千余人马保护着萧德妃来到了夹山。

原来，萧德妃在耶律大石和萧干的保护下逃出燕京城，当走到古北口（一说是松亭关）的时候，众人就去向问题发生了分歧。萧干本是奚族人，主张回到奚地建

立独立政权；而耶律大石则主张前往夹山寻找辽天祚帝一起抗金。两人话不投机，便分道扬镳。

萧干率部分人马回到原奚王府地（今河北省秦皇岛市境内）建立了大奚政权，自称大奚皇帝，然后率兵攻掠附近地区，扩大地盘，再然后又攻掠已经被宋军占领的燕京地区（金兵攻取燕京后，宋廷花钱将燕京买回），结果兵败被杀，大奚政权仅存世八个月，便被宋军所灭。

耶律大石则率领着所部人马保护着萧德妃，历尽千辛万苦，终于在夹山里找到了辽天祚帝（1123年2月）。

按理说，辽天祚帝正是用人之际，耶律大石等人来归，应该高兴才是。不料，他见到耶律大石等人的第一反应，便是算起了北辽的后账，立即命人将萧德妃处死。虽然没有处死耶律大石，可对他也不十分信任，派他到前线去与金兵作战，而耶律大石也在前往居庸关与金兵作战时兵败被俘（1123年4月）。

金兵强迫耶律大石为向导追击辽天祚帝，攻掠了辽天祚帝在青冢（即内蒙古呼和浩特市的王昭君墓）的辎重要地。辽天祚帝诸妃、诸公主、皇子耶律定、耶律宁等均被金兵俘获。

辽天祚帝当时并不在青冢，得知诸妃及皇子、公主被金兵俘虏后，不禁心中恼怒，率五千人马与金兵决战，结果又被一千多金兵打败。此战，辽天祚帝距离金兵只有百来步远，如果不是逃得快，差一点就成了金兵的俘虏。

此后金兵也改变了单一的追击策略，而是追击和劝降双管齐下，辽天祚帝为了争取喘息时间，则提出一些讲和的条件来应付，不过是苟延性命而已。

辽天祚帝逃到云内州（今内蒙古呼和浩特市西南）落脚不久，从青冢之战中逃脱的皇子耶律雅里，带领一千多人马也来到了云

内州。

　　此时辽天祚帝六个儿子中，死了一个（燕国妃萧师姑所生耶律挞鲁）、杀了一个（文妃萧瑟瑟所生耶律敖鲁斡）、三子被金兵所俘（耶律定、耶律宁、耶律习泥烈），也只剩耶律雅里这么一个儿子回到了身边。可这个时候的辽天祚帝还在犯昏，见儿子耶律雅里所带领的人马比自己的多，便怀疑与儿子一起回来的将领有拥立儿子而取代自己之心，就想找借口杀掉这些将领，在儿子耶律雅里极力解释下才罢手。

　　正在这时，西夏国王李乾顺派使来请辽天祚帝到西夏避难。耶律延禧也正在寻找避难场所，于是就痛快地答应了。但是，身边将领们却不同意，极力阻止。

　　辽天祚帝好不容易才有一个避难的去处，怎肯轻易放弃？于是，一面派使者前往西夏，册封西夏国王李乾顺为西夏国皇帝（真是有意思，自己这个皇帝被金兵撵得到处跑，还有心思封别人为皇帝），以拉近关系；一面渡过黄河，准备前往西夏避难。

　　统军将领耶律术烈（辽圣宗五世孙）见辽天祚帝执意要去西夏，而皇帝一走，辽王朝复国就没有了希望，于是与其他将领一起劫持着皇子耶律雅里奔向西北，找了一个落脚地方，立耶律雅里为皇帝，建元神力，建立了独立政权，史称后辽。

　　不料，皇子耶律雅里也是一个扶不起来的阿斗，虽然有许多部族和散兵前来投靠他，可他却整日里只顾击鞠打猎，不思抗金复国，结果造成下属争权夺利，相互倾轧。他自己更是因过渡行猎，只当了半年皇帝，就劳累而死。耶律术烈继任皇帝，但一个月后就被部下所杀，后辽也随之灭亡。

　　辽天祚帝投奔西夏国，当走到金肃军（今内蒙古准格尔旗西北）时，便又得到西夏国已经归附大金国的消息。

原来，金统兵将领见辽天祚帝逃往西夏国，就派人前往西夏国，告谕西夏国王李乾顺，如果辽天祚帝逃到西夏国，就将其押回金国。西夏国王李乾顺得到金国告谕后，自然不敢对抗大金国，遂向金称臣归附。这样一来，辽天祚帝到西夏避难的想法也随之破灭，正在犹豫之际，又得到耶律大石从金营逃回来的消息。

耶律大石被俘后，因帮助金兵向导袭取了辽天祚帝在青冢的后勤基地，因而得到金兵的特殊关照，生活待遇也还不错。但他并没有安于在金营的舒服生活，而是时刻想着复国大业。时逢阿骨打病逝军中（1123 年 8 月），他借金兵看管松懈之际，寻机逃脱，再次回到夹山。

辽天祚帝得到耶律大石回来的消息后，也渡过黄河回到夹山。不久，阴山室韦（原黑车子室韦）诸部前来归附。辽天祚帝见耶律大石归来，又有阴山室韦人马相助，就又忘乎所以起来，信誓旦旦地要与金兵决战。

耶律大石劝辽天祚帝不要盲目行动，等合适时机再与金兵决战，辽天祚帝不听，执意出夹山与金兵作战。耶律大石一怒之下，率部分人马出走西北，另寻救国之路（1124 年 7 月）。

耶律大石率军离开后，辽天祚帝率军出夹山，一路攻下天德（今内蒙古乌拉特前旗境内）、东胜军（今内蒙古托克托县境内）、宁远（今山西省五寨县境内）、云内、武州（今河北省宣化市）等城池。可就在他得意的时候，金兵突然出现在辽兵后方，截住其退路。不用说，又是辽兵大败，辽天祚帝则又幸运地逃回了夹山。

辽天祚帝的命运或许还不当绝，就在他为自己的性命发愁的时候，宋徽宗又给他递过来一根稻草。

宋廷与金签订"海上之盟"，本想借金人之力收复燕云十六州，可在具体运行过程中，又畏畏缩缩，结果导致燕京被金兵攻下，使宋廷在收复燕云十六州的问题上处于被动境地。

　　双方经过多次谈判，宋廷花大钱从金人手中赎回了燕京城及周边六州。但是，燕云之地，岂止六州，光石敬瑭割让给契丹就有十六州，再加上平、营、滦等州，共计是十九州。如何才能将其他的州城也要回来呢？就在宋徽宗不断派人与金人交涉的时候，平州又发生了一起事件。

　　平州（今河北省卢龙县）是辽太祖从中原后唐政权（李存勖所建）手中攻取的（923年），也是契丹在长城以南所攻取的第一座城池，同时也是契丹从榆关进入中原的桥头堡，历来都是由辽廷重要将领镇守。金兵攻陷燕京时，平州尚在辽军手中，守将叫张瑴，平州本地人士，中进士出仕。耶律淳在燕京称帝后，他出任平州辽兴军节度副使。后来平州守军发生叛乱杀死节度使，张瑴安抚叛乱人员主持平州事务。耶律淳病逝后，张瑴知辽王朝不久将亡，便招募五万壮丁，一千匹战马，加强平州城防，以观局势。萧德

妃摄政后，任命时立爱（时任北辽燕京副留守）为辽兴军节度使兼汉军都统，主持平州事务。张毂拒不交权，仍控制着平州。金兵攻陷燕京后，准备攻取平州，金将完颜宗翰向辽降臣康公弼询问有关张毂的情况。康公弼则大包大揽，说可以说服张毂降金，完颜宗翰于是派他前往平州作说降工作。

康公弼到达平州后，向张毂说明利害，劝其投降金国。张毂则借机说自己并无与金对抗之意，拥兵自保，不过是为了对抗萧干（时萧干已经建立大奚政权）而已。

康公弼回到燕京后，汇报说张毂没什么可担心的。金将完颜宗翰相信了他的话，遂放弃攻打平州的想法，把平州升格为金南京，加封张毂为中书门下平章事，继续镇守平州。

金将燕京交还给宋廷后，把降金的左企弓等辽臣与燕地一些汉人迁往金国腹地。路过平州城，有人劝张毂杀掉左企弓等降金辽臣，打起辽天祚帝的旗帜，再与宋廷联手抗金，以拥军自保。

张毂并非真心归附金人，于是就将被迁往金腹地路过平州的左企弓等降金辽臣杀死，将燕民全部放归，然后供奉起天祚帝像，继续使用天祚帝年号，按辽廷官制设置官员，据平州城以自守。

宋徽宗得知燕民被放回来的消息后，心里非常高兴，立即派人对放回来的燕民加以安抚，妥善安置，并派人诏降张毂。

张毂见宋廷果然来招降自己，便举平、营（今河北省昌黎县，隶属平州管辖）、滦（今河北省滦县，隶属平州管辖）三州归降宋廷，其真实目的是想联宋以抗金，并非真心归宋。

金得知张毂归附宋廷的消息后，举兵前来攻打平州，张毂不敌金兵，遂逃入燕京避难。

金派人到燕京索要张毂，宋燕京守将先是不给，后来又把一个长得像张毂的人斩首，想蒙混过关，不料被金人识破。宋燕京守将害怕惹恼金人，最后只好将张毂斩首，割下头颅，送给金人（1124 年 7 月，即耶律大石率军离开耶律延禧的同月）。

与此同时，金与西夏也达成了盟约，西夏向金称臣，金将阴山以南土地划给西夏。西夏为了表示归附金国，开始出兵抢掠武州、朔州，与宋朝发生军事冲突。金人为了报复宋廷暗中诏纳平州的张毂，也出兵攻打蔚州，与宋直接发生了军事冲突。

在这种情况下，宋徽宗突发奇想，想把辽天祚帝弄到自己手里，以联辽抗金。于是，派人持自己的手书，前往夹山与辽天祚帝联系。

辽天祚帝正在为自己的性命担忧，见宋徽宗主动来帮助自己，心里一热乎就答应了。宋徽宗于是用正式诏书，封辽天祚帝为皇弟，位在诸皇子之上；许诺为其修建宅第一千间，设女乐三百人，等待辽天祚帝前来享受。不料，辽天祚帝热乎劲过后，对宋廷也很不放心，就又变了卦，不去宋廷避难了。

其时，金兵早已将夹山的各山口封锁，宋人进入夹山与辽天祚帝联系的事情，也早被金兵得知，金兵在路上也早已布好了口袋，只要辽天祚帝一出夹山就会被抓获。而辽天祚帝因临时变卦，才又逃过了一劫。不过，宋廷却因此事惹了大祸，因宋与金签订"海上之盟"时，双方曾有约定，谁抓住辽天祚帝都必须杀掉。宋人暗地里与辽天祚帝接触（无论动机如何，确有此事），并为其提供避难的场所，属于违约。金灭辽后，就是以此为借口，挥兵南下灭宋的。

辽保大五年（1125 年）正月，党项部首领派人请辽天祚帝到他们那里去避难。辽天祚帝正在绝望之时，见党项人请自己去避难，便动身前往党项部，不料刚走出夹山不远便遇上了金兵，辽天祚帝就又只有逃命的份了。但辽天祚帝再能跑也跑不过金兵，当跑到应州（今山西应县）境内时，还是被金大将完颜娄室（金初著

名大将，擒获耶律大石之人）俘虏，辽王朝随之灭亡（1125 年 2 月）。

辽天祚帝被迁押到金腹地（长白山地区），降封为海滨王，4年后（1129 年）病逝，又 16 年（1145 年）迁葬于辽乾陵。

关于辽天祚帝死亡原因还有一说，说辽天祚帝与宋钦宗囚禁在一起，南宋绍兴二十六年（1156 年）六月，金国皇帝完颜亮命 81 岁的辽天祚帝与 57 岁的宋钦宗比赛马球，宋钦宗从马背上掉下来被马踩死，辽天祚帝想借机逃命，结果被乱箭射死（此说不足信，关于辽天祚帝之死，应以《辽史》和《金史》记载为准）。

契丹辽王朝自辽太祖耶律阿保机担任契丹可汗（907 年）至辽天祚帝耶律延禧被金兵俘虏灭亡（1125 年），共存世 219 年传 9 帝。

耶律大石者，世号为西辽。大石字重德，太祖八代孙也。通辽、汉字，善骑射，登天庆五年进士第，擢翰林应奉，寻升承旨。辽以翰林为林牙，故称大石林牙。历泰、祥二州刺史，辽兴军节度使。

《辽史》

1. 大石林牙

耶律大石，字重德，《契丹国志》谓之大实，出生于辽大安三年（1087年），辽天庆五年（1115年）中进士第出仕，累官为翰林承旨。辽称翰林为林牙，因此耶律大石又被称为大石林牙，或林牙大石。

辽王朝科举考试是专门为汉人和渤海人所设，不允许契丹人参加科举考试，大石也是《辽史》记载的唯一一名契丹族进士。

大石与辽天祚帝同是辽太祖八世孙（前者比后者小11岁），父母及近祖情况不详。从他通过科举途径出仕来看，有可能是辽太祖第三子耶律李胡的七世孙。

辽太祖共有四子，即长子耶律倍、次子辽太宗、三子耶律李胡、庶生子耶律牙里果。其中，耶律倍、辽太宗两支都有人当皇帝（大辽九帝中，辽太宗一支出两个皇帝，耶律倍一支出六个皇帝），

属于皇权继承范畴，家支成员应被封王或直接出仕为官，并以辽
太祖嫡系子孙身份，续入横帐皇族家谱之中，因此，家支情况应
很清楚。大石即没有被封王也没有直接出仕，父祖情况也不清楚，
这显然与这两家支背景不符。耶律牙里果属于庶生，其家支远离
皇权，并有可能被排除在横帐皇族家谱之外（辽圣宗曾对横帐皇
族家谱进行过修整，将一些庶生皇子家支都剔除在横帐皇族家谱
之外），即没有被列入辽太祖嫡系子孙中。大石是辽太祖八世孙，
这显然又与耶律牙里果一支人的背景不符。

　　李胡是辽太祖嫡子，其家支自然要被续入横帐皇族家谱之中，
但由于其家支没有人当过皇帝，因此随着时间的推移自然就要远
离皇权（按照五服之说，自李胡的五世孙起，与耶律倍、耶律德
光两支人的血缘关系就已经微乎其微），家支中也没有什么值得

称道的人物，再加
上李胡及其两子耶
律喜隐和耶律宛都
有过图谋皇位（即
谋反）的"不光
彩"历史，其子孙
被"另眼相看"。
大石建立西辽，使
辽祚又延续了近百
年，历史功绩不比
大辽九帝中任何一
位皇帝逊色，其祖
父辈的"不光彩历
史"，自然与他的

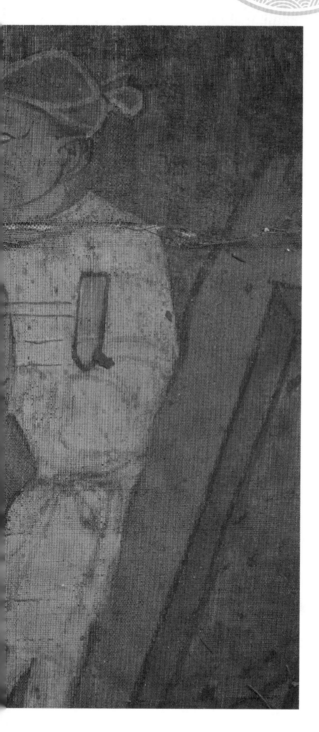

功绩和身份"不相符"或"不相称"。因此《辽史·耶律大石纪》中在介绍耶律大石祖辈情况时，有意隐瞒了其"不光彩的家史"（这也是多数史家的惯用手笔），只以"辽太祖八代孙"一句带过，而不提其父母及近祖情况。

总之，大石虽然是辽太祖八世孙，属于横帐皇族，但在29岁之前，即没有封王，也没有通过世选出仕为官，而是靠着个人努力科举出仕。

2.北辽军帅

大石不仅精通契丹、汉两种语言文字，精于骑射，而且颇有政治和军事才干，同时还是一个民族责任感很强的人，担任翰林承旨不久（1115年或次第），见辽兵对金兵作战屡屡失败，辽廷人心惶惶，

政局不稳，便挺身而出，主动要求抑或是受辽廷所派到辽金作战第一线，先后担任辽泰州（今黑龙江省泰来县境内，时为辽金边境城镇）和祥州（今吉林省农安县境内）刺史。

祥州已于辽天庆四年（1114 年）被阿骨打攻取，而大石于次年（1115 年）才科举出仕，最快也要在当年或第二年才能出任泰、祥等州刺史，因此他有可能只是出任泰州刺史，即便是被任命为祥州刺史，也没有到任，或是遥授。

泰州于辽天庆七年（1117 年）正月被金兵攻陷，因此大石在泰州刺史任上最长也就是一年多时间。在这一年多的时间里，他都干了哪些事情、抗金情况如何不得而知。可以肯定的是，至迟在金兵攻陷泰州时，大石也随辽兵撤离泰州，或当时、或延后一段时间担任了辽兴军节度使。

辽兴军治所在平州（今河北省卢龙县），是契丹人在长城以南攻占的第一座城池（923 年正月，由时任契丹国天下兵马大元帅的耶律德光攻取），也是辽在长城以南仅次于南京（今北京市）的军事重镇，历来都是由辽廷权贵或有军事才干或辽帝亲信的人

出任此职。大石能够出任此职，有可能是由于他在泰州刺史任上抗金功绩显著，以功升任此职，但更大的可能是耶律淳对他的重用。

辽天祚帝执政后期，辽廷内部奸臣萧奉先当权，一些正直之士受到排斥，朝纲不正；外部女真人起兵反辽，国土丢失。可谓是内忧外患，岌岌可危。在这种局势下，辽廷中的一些有识之士，忧国忧民，开始担心国家命运。他们对天祚帝失去信心，开始寻找辽廷新的"掌门人"。寻来找去，便把希望寄托在耶律淳的身上，因此发生了耶律章奴废立辽帝事件（1115 年）。

大石在这次事件中扮演了什么角色、发挥了什么作用，不得而知。但是，一年多后（1117 年），即大石所在的泰州被金兵攻陷不久，耶律淳组织"怨军"东征也以失败而告终，转而镇守南京，并被授予总理南京之权（当然也包括人事任免权）。有可能就是在这个时间段内，大石随耶律淳一起来到了辽南京。

平州是阻击金兵从东路入关（即山海关）攻取南京（今北京市）的桥头堡，因此耶律淳（当然也不排除是辽天祚帝的意思）把镇守平州的重任，交给了颇有军事才干的大石。

大石是一个以民族大义为重的人，虽然镇守平州，却也在不断地观察着辽金战争的局势。见辽天祚帝东逃西窜，只顾逃命，根本没有心思抗金，就把延续辽祚的希望寄托在耶律淳的身上。当辽中京被金兵攻陷，天祚帝吓得西逃的时候，大石遂与萧干、李处温等人拥立耶律淳在南京即位，建立了北辽政权。想利用耶律淳在国人中的威望，组织国人抗击金兵，重振辽王朝雄风。

耶律淳建立北辽政权后，命大石全权负责军事，由此大石成为北辽军队的最高统帅。当时北辽军队主要由契丹、奚、渤海、汉四族人组成，分别掌握在萧干（掌握着奚族及部分契丹、渤海、汉族军队，因此萧干亦被称为四军大王）、大石（掌握着契丹族军

队）、郭药师（掌握着渤海、汉人军队，即原来的"怨军"，后被改为常胜军）三人手中。因此，大石虽然被委以军事，却不能调动北辽的所有军队。但是，即便如此，他还是尽自己的最大努力，与萧干和郭药师等协调好关系，对保卫南京城做出了相应的安排。

就当时的形势而言，北辽政权所面对的首要外敌是金兵，因此采取了联宋抗金之策。耶律大石也把主要注意力放在了居庸关，重点防御金兵从西线进攻南京。可没有想到，金兵没有来攻，却传来了宋廷派童贯率十万大军前来攻取燕云的消息。

大石于是率两千人马前往辽宋边境城镇涿州（今河北涿州市），增援驻扎于此州的郭药师的常胜军，以阻击宋军。当他率军赶到

涿州后，见宋军还没有进攻，便率两千人马驻扎于更靠近辽宋边境的新城（今河北省高碑店市），与涿州形成掎角之势。

宋军十万大军本来是由北宋名将、对西夏战争中战功卓著的种师道（即《水浒传》中提到的"老种经略相公"）统一指挥，但由于他不赞成宋以兵收复燕云，认为宋廷的这种行为，就好像强盗进入邻居家中，不能够援救，还乘机瓜分他的房屋一样，

很不合适。因此引起宋军统帅童贯的不满，将宋军分为东西两路，只让种师道指挥东路军，出白沟（今河北境内清河县一带），西路军由辛兴宗指挥出范村。

由于宋徽宗对收复燕云有明确的上中下三策，其要旨则是宋军不要主动进攻，只是巡边，以等待燕云民众主动来归降。因此种师道统领宋东路军来到宋辽境界，并没有认真地做好进攻燕云的准备，只是以巡边为主，试探而行。

大石得知宋军进至白沟河南岸的消息后，率领两千人马出新城急速开往白沟。在宋军试探着渡过白沟河刚到达北岸时，大石率军赶到，果断出击，向宋军发起猛烈进攻，打了宋军一个措手不及。宋军没有想到北辽人马如此凶猛，无心迎战，扔下无数尸体，退回到白沟河南岸（1122 年 5 月），两军隔河而峙。

耶律淳得知大石击败宋军后，在高兴之余，也不敢大意，又征调三万兵马开往白沟，增援大石。

大石得到三万援兵，信心大增，出奇兵渡过白沟河，又杀了宋军一个措手不及。宋军仓促迎战，自然是吃亏不小。不过，种师道毕竟是战场老手，见宋军处于劣势，便急中生智，命部队用大棒（一种木棒一头带有铁器的武器，专门用来对付骑兵）自卫，以阻击北辽骑兵进攻。这一招果然有效，北辽骑兵在宋军的大棒阻击下，骑兵优势很难施展出来，两军进入肉搏状态。

大石见两军进入肉搏状态，再战下去，自己的军队也占不到什么便宜，为了保存实力，就下令撤军，但并没有撤到白沟河北岸，而是在南岸扎下营寨。

种师道并不知道北辽有多少人马，又见其主动撤退，并在白沟南岸扎下营寨，更加不知北辽军队虚实，又见自己的军队士气低落，不但没敢进攻，而且还下令后撤，准备找一个落脚点，站

稳脚后，再寻机进军。

大石见宋军撤退，本想乘机追击，又担心宋西路军会抄自己的后路，因此就没有贸然追击宋军。正在这时，传来萧干击退宋西路军的消息，大石解除后顾之忧，立即率军追击宋军，并在古城（今河北省雄县北）追上了宋军。

此时宋军也已经得到西路军兵败的消息，人心涣散，士气也更加低落。本来种师道是想进入古城整顿兵马的，见北辽军队追了上来，并冲散了自己的军队，便绕过古城向雄州退去。

宋军主帅童贯就在雄州（今河北省雄县）城中，一听北辽军队在宋军后面追杀，吓得也不敢开城门放自己的军队进城，而是闭城自守。

种师道见雄州城门紧闭，也不敢在城下停留，只好又绕城而退。大石则率领精骑一路追杀，"从雄州以南到莫州（今河北任丘市）以北，以及雄州西南面的保州（今河北省保定市）、真定（今河北省正定县）一带，满地都是（宋军）尸体，数也数不过来。"经此一仗，宋徽宗便下令收兵了，宋廷第一次以兵收复燕云也以失败而告终。

大石在对宋东路军取得完胜后，并没有围攻雄州城，因为他心里清楚，北辽的主要敌人是金国，联宋抗金才是北辽的上策，因此见好就收，撤军回到了涿州城。不仅如此，回到涿州后，便派信使到雄州，向宋军主帅童贯申明，金兵攻打辽国，也是宋朝的大坏事。现在宋朝为了求得一时的利益（指收复燕云），放弃宋辽百年的友好，结交新起的邻国（指金国），而埋下日后的灾祸，这不是好计策。援救灾祸，帮助邻国，这是古今共同的道义，希望你们能够考虑此事（不要再出兵攻打燕云）。

很明显，大石是在向宋军主帅童贯晓以大义，说明宋破坏辽宋百年和好关系而与金联合的严重后果，劝谏宋廷要慎重行事。实践证明，大石的判断是完全正确的，即宋与金联合灭辽，也招致了自己的灭亡。

但是，宋军主帅童贯却是一个不识大局的主，一心想建立自己的功劳，对燕云仍不死心。他知道大石不好对付，便绕过涿州，派马扩前往燕京（即辽南京）直接与耶律淳对话，再次劝说北辽归附宋廷。

马扩是北宋末期著名人物，武举出身，颇有外交才干，同时也是一位比较有正义感的人。他随父马政多次出使金廷（1118年、1119年两年间，马政作为宋廷使臣，多次出使金廷，具体商议双方联合灭辽事宜，马扩随父而行，为宋金签订"海上之盟"立下

功劳，后来马扩又在宋金燕云土地交割上发挥了重大作用），具体商议宋金联合灭辽及燕云土地归属事宜，对宋廷想收复燕云的整个过程也比较了解，因此童贯才选中他前往南京说降耶律淳。

但是，马扩既然清楚宋收复燕云的整个过程，自然对说降北辽也不报什么太大的希望，只是碍于童贯的命令，才前往辽南京，先向耶律淳说明宋出兵收复燕云的理由，后又劝说耶律淳归附宋廷，并且下保证说，只要北辽归附宋廷，宋廷就撤兵等。

耶律淳虽然软弱，但自己的军队刚刚击败宋军的进攻，打了胜仗，在这种形势下，怎能归附宋廷呢？于是，就搪塞了一番，将马扩送出了南京城。

大石早已得到童贯派马扩到南京说降耶律淳的消息，心里非常愤怒，但也不想错过与宋使见面，进一步劝说辽与宋和好的机会。因此，便在马扩南返路过涿州时，派人邀其进城面谈。

马扩早就听说过大石的名声，知其是北辽政权中的主战将领，也是打败宋东路军的主将，同时也清楚进城后有被杀头的危险，但还是应邀进入涿州城。

两人见面后，大石首先责备宋廷为何违盟（澶渊之盟）出兵攻打燕云。

马扩则实话实说，解释说金曾约宋一起灭辽，然后将燕云十六州归还宋廷，而宋遵守宋辽盟约，一直没有出兵攻打燕云。如今金兵已经攻到燕山脚下，并扬言宋如果再不出兵攻辽，金就将燕云十六州占为己有，宋无奈之下，才出兵收复燕云。

听了马扩的解释，大石不禁勃然大怒道：西夏曾多次约请我们出兵夹击你们（宋廷），我们念及两国的兄弟情义，不肯见利忘义，都没有答应，并且还把西夏的书信交给你们以表诚意；现在你们却听信从来没有打过交道的女真人之言，出兵攻打我们，真是太

无耻了。

在座诸将见大石发怒，也不禁义愤填膺，有的甚至拔出腰刀想斩杀马扩。

大石并无杀害马扩之意，制止住诸将，对马扩说道："我本想把你扣下，不过你是来通好的使者，我不能做得太过分了。（你回去对你们主帅说）要和则和，要战则战。大热的天，别让将士们白白地受苦。"然后，特意为马扩安排了酒饭，送其出城南返。

童贯得到马扩的汇报后，仍然不死心，将部队驻扎在白沟河南岸，想待机而动。大石见宋不退兵，自然也不敢回军，只好驻扎在涿州，以防宋军再来攻。不料，就在这时，耶律淳病逝，耶律大石不得不离开涿州回南京处理善后事宜。就在大石与萧干拥立德妃萧氏摄政不久，北辽驻守涿州的军将郭药师见李处温（郭药师在北辽的靠山）被杀，害怕祸及自己，便举涿州城投降了宋廷（1122 年 9 月）。

童贯本来就对燕云不死心，见郭药师来降更是来了精神，在雄州聚集十万（一说为二十万）大军，以刘延庆（北宋名将）为都统，准备一举收复燕云。

大石得知郭药师叛变投宋，率领宋军前来攻打南京的消息后，与萧干率领南京城中仅有的二万人马前往卢沟御敌。

宋军虽然有十万之众，是北辽军队的数倍，但纪律松弛、骄傲自满，待走到卢沟时，北辽军已经筑好了防御工事，宋军连攻几次也没有成功，且损失惨重。

大石见宋军组织不起有效的进攻，便乘机主动出击攻打宋军，并直取宋军主帅刘延庆。刘延庆没有想到北辽军队会主动出击，被打个措手不及，打马逃走。宋军见主帅逃了，也随之溃败而去（1122 年 10 月）。

大石见宋军数倍于自己，就没有率军追击，而是收军回到卢沟驻守。刘延庆则退到良乡，闭门不出。

郭药师见宋军大败，心里也很着急，如果宋军再败下去，自己的涿州也会不保。他深知北辽军队底细，认为南京城中兵马全部调到卢沟，守军不多，于是，向刘延庆献出了奇袭南京城的计策。

刘延庆一听大为高兴，便让郭药师率领六千人马趁夜渡过卢沟河，奇袭辽南京城。

郭药师率人马在天亮前赶到南京城下，迅速攻占了迎春门，并派人劝德妃萧氏投降。

德妃萧氏早已得到宋军偷袭南京的消息，一面派人给大石和萧干送信，让两人迅速回救南京城；一面组织城中守军（不过数千人）和百姓自卫。

大石和萧干得到宋军偷袭南京城的消息后，迅速做出决定，大石继续驻守卢沟，萧干率军回救南京城。

萧干率三千人马赶到南京城时，宋军还没有攻下内城。原来，宋军偷袭得手后，认为南京城已经为宋所有，便放缓了攻打内城的速度。一方面想等待后续部队上来一起攻城；一方面想等待北辽政权自行投降，从而为萧干回救留出了时间。

萧干对南京城太熟悉了，见宋军还没有攻下内城，心中不禁一乐，关上外城门，来了个瓮中捉鳖，将进入城中的宋军全部消灭。郭药师从城墙顺绳而下，才得以逃命。

萧干解了南京之险后，又迅速回到卢沟前线。大石遂与萧干商议，决定主动出击，击溃宋军。一面派小股部队袭扰宋军粮道，一面使用计策迷惑宋军，终于吓得宋军主将刘延庆拔营退走。大石与萧干挥军追杀百里，郭药师的常胜军跑得慢一些，几乎被全部消灭，宋军损失也非常惨重，兵将伤亡不用说了，宋廷从宋神宗赵顼任用王安石变法以来半个世纪所积攒下的军事物资，在这一仗中全部损失光了（1122 年 10 月）。

但是，就在北辽军队击退宋军的同时，却传来了金兵从西线进攻南京的消息，大石与萧干只好从卢沟回到南京，布置西线防务。

大石率北辽军队与宋军激战的时候，阿骨打正在夹山地区追击天祚帝，但他也在时刻关心着北辽与宋的战事。得知宋童贯所率二百万宋军（实为十万或二十万）被北辽打败的消息后，不禁心中大喜。一方面，宋金曾有言在先，燕云十六州由宋方自行攻取，如果宋方不能攻取，金方则可以出兵攻取（这是阿骨打在攻下辽上京后，在与宋使臣赵良嗣商量"海上之盟"时的口头约定），如今宋军攻不下南京，金兵自然可以出兵攻打南京了；一方面宋军连一座南京城都攻不下来，战斗力可想而知，即使金违约（按照"海上之盟"的约定，燕云十六州应该由宋方自行攻取）攻下南京，宋朝也不会把金怎么样。更主要的是这时的阿骨打早已经有了灭辽后，随即灭宋的打算。因此，便停止追击耶律延禧，亲自率军东返攻取辽南京（即燕京）。

北辽得到阿骨打率兵前来攻打南京的消息后，顿时乱了方寸。

德妃萧氏（萧普贤女）接连五次派人到金营，以北辽政权甘为金的附庸为条件请降，结果都被阿骨打拒绝。

在这个过程中，大石和萧干对北辽向金请降是何态度，不得而知。不过，大石与萧干是北辽政权的顶梁柱、主心骨，在北辽政权存亡之际，不可能不参与北辽政权的决策。德妃萧氏向金请降，即北辽甘为金的附庸，有可能就是大石和萧干的主意，起码也是得到了两人的同意和默许（否则德妃萧氏是不可能，也不敢向金请降的），这是缓兵之计，即先保住北辽政权，再图他策。

当北辽政权请降被阿骨打拒绝后，大石和萧干对防御金兵攻打南京，肯定也是做出了一番部署，重点是在金兵东进必经之路——居庸关加强了兵力。至于大石和萧干是否亲自到居庸关指挥御金，则不得而知。但是，有一点可以肯定，那就是金兵攻打居庸关非常的顺利。金兵到达居庸关后，没等进攻，山崖突然崩塌（或是山体滑坡，或是辽兵防御建筑坍塌，无论哪种情况，似乎都是天意），北辽守兵多被压死，其余不战而逃，金兵顺利通过居庸关，开到辽南京城下（公元 1122 年 12 月）。

在辽南京城破前夕，大石与萧干保护着德妃萧氏逃出燕京城，跑到古北口（一说为松亭关）停下来，开始商量去向问题。

3. 投奔天祚帝

随着大石、萧干、萧德妃逃出南京城，辽南京遂被金兵占领，至此辽五京全部被金所有，辽王朝名存实亡。

大石等人跑到古北口，就去向问题发生了分歧。当时有两种意见，一种以萧干为主，主张到原奚王府（今河北省秦皇岛市附近）建立独立政权；一种以大石为主，主张投奔天祚帝抗金复国。

萧干，奚族人，祖上曾担任过奚王，辽天祚帝朝历任北女真详稳、兼知咸州路兵马事、东京统军使、奚六部大王、兼总知东路兵马事（即负责防御女真）等官职，是一位具有一定政治和军事才干的人，在辽廷具有一定的影响力。后来在北辽政权中的地位和威信，也要高于耶律大石，对形势也有一个清醒的认识。一方面，自己是奚族人，又是北辽政权的主要组建者，自然也是辽

天祚帝想要重点惩罚的人，投奔辽天祚帝有可能是自投罗网，有被杀头的危险；另一方面，辽天祚帝是一个不务正业的皇帝，灭亡只是时间问题，投奔他也是死路一条。因此他主张回原奚王府地建立独立政权，既可以避免成为辽天祚帝的刀下之鬼，同时也可以干一番轰轰烈烈的事业。

　　大石与萧干都是铁铮铮的汉子，在国破家亡之际，两人共同辅佐耶律

淳建立了北辽政权，以期实现抗金复国的共同理想。应该说，两人的理想是一致的，心也是往一处想的，劲也是往一处使的，性格也是合得来的。如果大石同意萧干的意见，那么两人完全可以继续辅佐德妃萧氏延续北辽政权，即便以萧干为主建立新的政权，大石在新政权中也不失中枢要位。但是，大石从北辽政权的灭亡中，已经看到了民族分裂的危险性，因此他从民族大义出发，反对萧干再建立独立政权，而是主张投奔天祚帝，双方合兵一处，团结一致，同仇敌忾，一致抗金复国。

就当时的形势而言，大石的主张是有一定风险的。一是北辽政权是与天祚帝的正宗政权相抗衡的，北辽政权中包括大石在内的主要成员都是天祚帝所痛恨的人，投奔天祚帝有可能就是自投罗网，有被杀头的危险；二是萧干掌握着北辽残余军队的主要力

量（当时从南京城逃出的北辽军队，由契丹、奚、渤海、汉等四部分军队组成，而萧干掌握着奚、渤海、汉及部分契丹军队），大石只是掌握着部分契丹军队，如果双方因意见相左而动起手来的话，大石就有被消灭的危险；三是大石等人并不知道天祚帝的具体行在，能否找到他还是一个未知数，更主要的是从古北口前往夹山要通过金兵占领区，也有被金兵俘虏的危险。

对于这样的形势，大石心里肯定也是清楚的，但是他还是从民族大义出发，坚持投奔天祚帝。当时在讨论去向问题时争论得非常激烈，包括一些契丹族将领也反对投奔天祚帝。其中有一个叫萧勃迭的驸马都尉，就以北辽政权曾与天祚帝对抗，如今没有脸再与其相见为借口，不同意投奔天祚帝。大石当机立断杀掉萧勃迭，并传令契丹军中，如果再有反对投奔天祚帝者，一律当斩，才稳定住军队的情绪。

可以肯定的是，大石与萧干都是血性汉子，在分道扬镳的时刻，也采取了一个"义"字。把部队集合在一起，下令愿意跟随大石投奔天祚帝的站在一边，愿意跟随萧干回原奚王府的站在一边。结果是契丹军队站在大石一边（七千余人），奚、渤海和汉人军队站在萧干一边。

除此而外，大石还控制着德妃萧氏跟着自己投奔了天祚帝。

耶律淳病逝后，德妃萧氏权摄北辽国政，是北辽的实际统治者，她的去向也是至关重要的。如果她跟随萧干去了奚王府，有可能被萧干所利用，继续打着"北辽政权"的牌子，收拢人心，与天祚帝相抗衡，造成契丹民族的继续分裂；如果她投奔了天祚帝，就是"北辽政权"归附辽廷，既避免了契丹民族的分裂，也能够起到凝聚人心的作用。

就德妃萧氏而言，已经被天祚帝降为庶人，是天祚帝做梦都

想杀死的人，因此她自然是不愿意"自投罗网"的，而是想跟随萧干回奚王府。

大石心里当然清楚萧氏的"作用"，因此挟制其与自己一起投奔了天祚帝，经过一个多月的奔走寻找，历尽千辛万苦，终于在夹山里找到天祚帝（1123 年 2 月）。

天祚帝见到大石等人后，果然算起了北辽后账，立即下令将德妃萧氏等人斩首，然后责怪大石道："有我在，为什么拥立耶律淳？"

大石挟萧氏诚心投奔而来，没想到天祚帝不问青红皂白便将萧氏杀死，心里非常气愤，便毫不客气地回答道："皇上以全国兵力，

不能抵抗敌人，还弃国远逃，让百姓受涂炭之苦。我们就是立十个耶律淳，也是太祖的子孙，难道这不比向其他人乞求援助好吗？"

一句话，说得天祚帝哑口无言，或许是自知理亏，或许是害怕大石所带七千人马哗变，或许是想倚靠大石抗金复国，没有对其下杀手。

大石虽然对天祚帝杀死德妃萧氏很气愤，但还是以大局为重，尽心尽力辅佐天祚帝一起抗金复国。

不久，金大将完颜娄室率军前来进剿夹山，大石授命率兵前往居庸关阻击，不料在龙门（今河北省赤城县西南）遇到金兵，兵败被俘（1123 年 4 月）。

金兵用锁链将大石锁住，强迫其做向导，进入夹山寻找天祚帝。

大石自然是不愿被金兵所利用，于是就灵机一动，将金兵引向青冢（今内蒙古呼和浩特市昭君墓附近）。

青冢是天祚帝在夹山地区的重要后勤基地，贮有大量的辎重，天祚帝及一些大臣的家属也都居住在这里，有重兵护卫。大石把金兵引向青冢，可能是被逼无奈，也可能是想利用这里的辽兵在数量上的优势消灭金兵。但是，辽兵或许是早已被金兵的气势吓破了胆，或许是没有什么准备，见到金兵便撒腿逃命去了。金兵不费吹灰之力，便获取了天祚帝在青冢的大量辎重，并挥兵追击，俘获了天祚帝的两个儿子秦王耶律定、许王耶律宁及诸公主、诸妃及有关臣僚等。由于当时天祚帝不在青冢，因此逃过了一劫。

大石因"向导"有功，得到了阿骨打的赏识，特赐予其女真族妻子，生活上给予优厚的待遇，想以此感化大石归降金国。

此时的大石面临着一次人生选择，如果他归降金国，就有可能受到阿骨打的重用，在金廷立足，不失在辽廷的地位，有享不完的荣华富贵。但他心怀复国理想，没有被阿骨打的"优厚待遇"

所打动，贪图安逸，而是暗暗地寻找逃脱的机会，最终趁金太祖阿骨打病逝（1123 年 8 月），金兵看管松懈之机逃脱，又回到天祚帝身边（1123 年 9 月）。

4．西北蓄势

大石在金营生活近五个月时间，对金兵情况比较了解，因此回到夹山后，建议天祚帝要养精蓄锐、待机而动。开始的时候，天祚帝由于身边兵微将寡，并没有说什么。可不久，阴山室韦谟葛失率部来归（谟葛失部是蒙古诸先部之一），天祚帝自以为得到天助，便又忘乎所以起来，准备率军出夹山，收复燕云。

大石见天祚帝执意出兵与金兵作战，知其必败，便不客气地说道："陛下在金人开始起兵攻取长春州和东京时，不前往广平淀（今赤峰市翁牛特旗境内，时为辽天祚帝的行宫所在地）拒敌，而是跑到辽中京；当上京失守的时候，又跑到南京；中京失守的时候，又跑到云中，而后又跑到夹山。原来有全国军队的时候，不考虑备战，一退再退，致使全国都被金兵占领了。如今国家到了这个地步，才开始计划作战，这不是好计策。应该养兵等待时机出击，不可轻举妄动。"

大石的一番话，可谓是对辽天祚帝不思抗金之策、一味逃跑从而导致国家危亡行为的总结，也触到了辽天祚帝的痛处。因此辽天祚帝很是窝火，把大石训斥一番后，命萧乙薛和坡里括将其看管起来，不让其自由行动。

大石见天祚帝不仅不听劝谏，反而把自己看管起来，对其彻底失去了信心，民族责任感促使他不再沉默、也不再等待，寻机杀死看管自己的萧乙薛和坡里括，率二百人（包括家眷）趁夜离

开天祚帝行在（1124 年 7 月，一说在 1 月），设置官署，自立为王，率众向西北行进。

从大石离开夹山后便设置官署、自立为王、向西北行进的连贯行动来看，他离开天祚帝另寻出路，并不是一时的冲动，而是经过深思熟虑的。

一方面，对当时的形势有着清醒的认识的。就当时的形势而言，金兵已经占领了辽五京，只有阴山和西北地区尚未被金兵占领，大石身边只有二百余人马（包括家眷），到金占领区去开辟根据地是不现实的，而阴山地区是天祚帝势力范围，如果在阴山立足，就可能与其发生冲突，同时也会被人误解为在与天祚帝争权，因此只有向西北进发，另寻立足之地。

另一方面，大石对天祚帝彻底失去了信心（大石先是把复国希望寄托在耶律淳身上，因此才与李处温、萧干等建立了北辽政权，后又把复国寄托在辽天祚帝身上，因此才两次投奔他），有了独

立领导抗金复国的思想，而要独立领导抗金复国大业，就必须要建立独立政权。因此大石率众走出一段路程后，便停下来，组建了政权机构，设置北、南官署（由此可知，大石身边并不全是契丹族人，其中也有汉人，因为辽廷南面官衙主要是为汉人所设，同时也肯定有奚人和渤海人），任命了有关官员，自立为王。

大石没有称皇帝，而是自立为王，是聪明之举，也是深思熟虑后的一种策略。北、南面官双轨制，是辽廷政治体制的显著特点，大石设置北、南面官署，其实就是一个实实在在的独立政权，实际上就是要取天祚帝而代之。但是，他并没有称皇帝，而是称王，这就隐瞒了这个政权的本质，从而避免了许多麻烦事。

虽然说辽廷已经岌岌可危，天祚帝也很不得人心，但人们的正统观念还在，还都认为天祚帝是大辽国的皇帝，其他任何人再称皇帝，那就是篡位、叛逆，如耶律淳、萧干、耶律雅里都犯了这样的错误，从而没有得到更多人的同情和支持，很快就灭亡了。大石也是一样，如果直接称皇帝，就与耶律淳所建的"北辽政权"、

萧干所建的"大奚政权"、耶律雅里所建的"后辽政权"一样，成为公开与天祚帝"正宗政权"相对立的政权，会被认为是篡权夺位，是叛逆，甚至会被认为是搞民族分裂，肯定也不会得到更多人的同情和支持，这对于他凝聚人心、抗金复国当然是很不利的。而称王则不一样，辽廷被封王者，不计其数，封王者功劳再显权力再大，也是皇帝的臣子，大石自封为王，就是向世人表明，他还是辽廷的臣子，不过是组织一支队伍抗金复国而已，对争取民心，抗金复国当然是有利的。

从这一点来看，此时的大石已经是一名成熟的政治家了。

事实也是如此，大石组建了政权机构后，率领队伍向西北挺进，行走三日，渡过黑水（今内蒙古达尔罕茂明安联合旗境内的爱毕哈河）后，便得到了游牧于河北岸的白达达部（蒙古先民，有人认为此白达达部就是后来蒙古诸中的汪古部）首领床古儿的大力支持，献马四百匹、驼二十峰、羊无数。

大石得到白达达部的支持后，更加坚定了抗金复国的决心。在继续向西北挺进的同时，派人到金兵尚没有占领的地区，宣传自己抗金复国的思想，号召诸部族组织起来抗金，得到了沿路诸部族的响应和支持，不断有部族前来归附。经过长途跋涉，克服戈壁、沙漠等险阻，终于到达镇州可敦城（今蒙古国布尔根省哈达桑东青·托罗盖古城）。

镇州可敦城是辽廷西北路招讨司所在地，也是辽廷镇抚西北诸部（主要是阻卜诸部）的重镇。阻卜诸部是在辽太祖西征时（924年）被征服的，并以属国的形式向辽廷进贡以表示臣服。随着辽廷把主要注意力转向中原，放松了对阻卜诸部的控制，阻卜诸部得到了快速的发展，开始不附辽廷，不断起兵反辽，至辽圣宗朝阻卜诸部反辽达到高潮。时值大辽英后萧燕燕摄政，对阻卜诸部采

取强硬态度，不断派兵加以征讨，但效果并不是十分明显，阻卜诸部还是时服时叛。为了镇抚阻卜诸部，解决西北边境不宁的问题，萧燕燕采纳大将萧挞凛（辽圣宗朝著名大将）的建议，在西北部建筑了镇州、维州（今蒙古国布尔根省哈达桑古城）、防州（今蒙古国土拉河中游西岸塔勒——乌兰·巴勒嘎斯古城）三座边防城（997年开始建筑，1003年完工）。其中，镇州（辖维、防两州）是在古可敦城的基础上建筑起来的，因此镇州刚建成时称可敦城（"可敦"是突厥对可汗妻子的称谓），第二年（1004年）改可敦城为镇州。

镇州等三座边防城建成后，辽廷在这里屯兵二万，专门镇抚北西诸部。同时，将七百余户渤海、女真、汉等犯罪之家发配到这里养牧，即为辽廷饲养战马，因此镇州也是辽廷的战马基地，最多时饲养战马达数十万匹。为了加强对西北诸部的镇抚力度，萧燕燕还特别规定，无论其他地区发生什么样的战争，也不允许抽调屯驻镇州兵马参战。

或许正是因为有了这样的规定，在此后的一百多年间（自镇州建成之后），驻守镇州地区的辽兵，不仅没有被征调参加辽与西夏及女真人的战争（包括阿骨打起兵反辽后，天祚帝在被撵入夹山的情况下，也没有征调镇州兵马抗金），而且还父子相继，世代相传，在镇州地区扎根生活起来，形成了辽国中的一个独特的群体，即这部分人生活在镇州地区，不受辽廷征调去参加其他地区的战争，成为专门的"屯边族"。再加上辽廷不断向这一地区发配犯罪之人，而被发配到这里的人，又多成为"屯边族"的奴仆，久而久之，镇州地区便出现了由"屯边族"为主发展起来的诸多"小部落"（包括被发配到这里的犯罪之人，这部分人也不在少数，因镇州建成时，曾一次性发配到这里七百户，经过一百余年的繁衍，从而形成一

定规模的群体）。这些"小部落"相对独立于国内其他部落之外（即不受辽廷所诏，去参加其他地区的战争），从而形成了一个相对富足的兵源地。

同时，阻卜诸部于辽道宗朝有过两次起兵反辽，最后一次起兵反辽，于天祚帝即位的前一年（1100年）被平息，因此镇州地区还存在着一支平息阻卜诸部叛乱后，驻守当地的兵马。

也就是说，在阿骨打起兵反辽后，辽西北的镇州地区，还屯驻着一支现役兵马（即驻守镇州的辽廷兵马）和一个由"屯边族"发展起来的兵源地。

大石早就有抗金复国理想，对镇州的情况当然是比较清楚的，因此他才选中了镇州为自己的立足地，长途跋涉来到这里。

大石到达镇州后，立即展开抗金复国宣传工作，并得到了当地军民的支持，在几月或数月间，威武、崇德、会蕃、新、大林、紫河、驼等七州首领（这七州当是辽廷为了管理西北地区，把"屯边族"划为七个军事单位，以镇抚阻卜等诸部，也有人认为这七州是耶律大石到达镇州后，所设置的七个投下军州）和大黄室韦、敌剌、王纪剌、茶赤剌、也喜、鼻古德、尼剌、达剌乖、达密里、密儿纪、合主、乌古里、阻卜、普速完、唐古、忽母思、奚的、糺而毕等十八部酋长（这十八部是游牧于辽西北、北部、东北部地区的阻卜、乌古、敌烈、室韦等部族，时为辽廷属部或属国，后来发展为蒙古诸部。有研究人员认为其中的王纪剌或王吉剌部，就是成吉思汗夫人孛儿帖所在的弘吉剌部；茶赤剌就是曾与成吉思汗争夺草原统治权的札木合所在的札答兰部，密儿纪就是曾经抢走成吉思汗夫人勃儿帖的蔑儿乞惕部等），纷纷前来可敦城觐见大石。

大石在镇州可敦城召开诸州首领和诸部酋长会议，阐明了自

己西行的目的和抗金复国的决心，他慷慨陈词道："我祖艰难创业，建立大辽国，存世二百余年，历九主。金原来是辽的属臣，却侵略我国家，杀害我百姓，占领我州县，使我天祚皇帝蒙难于外，我是日夜痛心疾首。如今我仗义而西，是想借助诸部落的力量，打败金兵，收复我国土。不知你们当中有没有痛惜我国家，忧虑我社稷，挽救我皇帝，拯救我百姓于灾难的人。"

从这番话语来看，大石召开诸部酋长和首领会议时，天祚帝还没有被金兵所俘，或大石隐瞒了天祚帝被俘辽国灭亡的消息，仍然打着天祚帝这个皇帝大旗，以勤王为借口，来统一诸部酋长和首领的思想。

一席话，说得诸州首领、诸部落酋长热血沸腾，群情振奋，有兵的出兵，有马的出马，大石的军队很快增至万余，并得到了辽廷在镇州地区的数万匹战马。

大石得到诸部兵马后，利用一段时间，对原来的政权机构和

新扩充的部队进行了完善和整编。设置官员（把诸州首领及诸部酋长纳入政权机构中）、整编军队（把诸部兵马划分为若干个军事单位）、建立仪仗、制备武器……之后，以镇州为基地，一方面继续招兵买马，扩充部队，训练兵马，养精蓄锐；一方面派人与西夏及周边部族联络，建立抗金同盟，为光复国家积极地努力着。

就在大石在镇州蓄势谋划复国的时候，北宋被金灭亡。北宋最终被金灭亡，既是自食其果（北宋与金联合灭辽，直接导致自己亦被金灭亡），同时也与宋联系大石一起抗金有关系。

金太宗完颜吴乞买在俘虏天祚帝灭亡辽王朝后，经过半年多的准备，兵分两路开始南下灭宋（1125 年 10 月）。西路军在完颜宗翰的指挥下，自西京（今山西省大同市）直取太原，从河东路进攻宋都汴京；东路军由完颜宗望指挥，自南京（即平州，今河北卢龙县）直取燕京（今北京市），从河北路进攻宋都汴京。

此时宋廷还被蒙在鼓里，与金人往来商谈交割云中土地事宜，结果被金兵打了一个措手不及。金西路军势如破竹，一路陷朔州、破武州、占代州，兵临太原城下（1125 年 12 月）；东路军更是高歌猛进，一路攻檀州（今北京市密云境内）、陷燕京（今北京市）、下蓟州（今天津市蓟县）、围镇州（今河北省正定县），推进到黄河北岸。

宋徽宗赵佶是一个软弱的皇帝，一听说金兵南下了，吓得把皇位让给儿子赵桓（这正好与天祚帝相反，天祚帝在国家即将灭亡的时刻，怕儿子抢了自己的皇位，而把儿子杀死；赵佶则在国家即将灭亡的时刻，怕自己成为亡国之君，把皇位让给了儿子。虽然两个皇帝的做法不同，但实质都是一样的，即都是一副亡国君主的做派），便跑到南方去了。

赵桓，即宋钦宗，是宋徽宗赵佶的长子，从父亲手中接过发岌可危的北宋江山后（1125 年 12 月 23 日，宋徽宗正式禅位给儿子赵桓），屁股在龙椅上没等坐热，金兵就攻到汴京城下（1126年正月）。赵桓比父亲赵佶有点"骨气"，任用主战派代表人物李纲，奋力守城，击败了金兵的多次攻城，确保了汴京城没有被金兵攻陷。但宋钦宗从本质上也是一个软弱的皇帝，见金兵围攻汴京城好几个月不撤，便又听信议和派之言，以割让太原府、中山府（即真定府，今河北省正定县）、河间府（今河北省河间市）三镇为条件，与金议和，想以此保住黄河以南半壁江山。

接下来双方就议和一事，展开了往来谈判。在此期间，宋大量的勤王之兵已经开始云集汴京周围，宋廷出现了反攻的机会。但宋君臣在是抗金还是与金议和的问题上却争论起来，宋钦宗对金作战更是底气不足，从心里想花钱买太平，不仅把太原三镇割给了金国，而且还答应给金赔偿战争费用。

金将完颜宗望率兵攻打汴京城几月不下，又见宋援军不断到来，金兵有陷入宋军包围的危险，因此在得到宋廷割让三镇的诏书后，不待赔偿银两全部到齐，便撤兵北去（1126 年 2 月）。

金兵北退后，宋钦宗赵桓深深地松了一口气，以为金兵不会再来了，竟然免去了一些主张抗金的大臣和将领的职务。

当时，金西路军大将完颜宗翰正在围攻太原，得知东路军完颜宗望与宋议和得到赔偿的消息后，也挥兵南下，做出威逼汴京的态势，真正目的是想向宋廷索取钱财。

宋钦宗赵桓见金兵又要南下，言而无信，也不禁生起气来，一时鼓起勇气，决定不再割让三镇土地，免去主张与金议和的大臣的职务，恢复已经被免职的抗金大臣及将领的职务，发兵前去增援太原等三镇。

接下来宋金围绕着太原、中山、河间三镇的攻守，打了几仗，

结果是金兵没有攻下三镇，宋援兵也没有解了三镇之围。这期间，宋都汴京城则相对安全一些，宋徽宗赵佶也从南方回到了汴京（宋徽宗把龙椅让给儿子后，便在蔡京、童贯等人的陪同下，到南方视察去了，实际上是为了躲避战争危险），宋君臣之间围绕着宋金战争责任及是抗金还是与金议和问题，又开始了新的一轮争论。

就宋金战争而言，宋联金灭辽无疑是直接原因，而当时主张联金灭辽的宋臣中，又以童贯、赵良嗣最为积极。宋被金打败，是宋廷无能的体现，而宋廷无能又是大奸臣蔡京导致的。如此一追究，这三人就成了人人喊打的落水狗了。

蔡京，天性阴险诡诈，善于欺骗蒙蔽皇帝，靠着会写一手好字，便把同样喜欢字画的宋徽宗玩得团团转。宋徽宗也明知蔡京是一个不可托付国家大事的人，也曾多次罢免蔡京的职务，但是又屡屡贬而复用，也终于让蔡京把一个大宋朝祸害的不成样子。更可气的是，当金兵攻打燕京时，蔡京的儿子蔡攸带兵前去增援，蔡京竟然暗地里让其不要与金兵打仗，以逃脱打败仗的责任。宋钦宗赵桓即位后，一些宋臣纷纷上书，要求追究蔡京的罪责，蔡京由此官职一贬再贬，后来又被流放，流放地也一改再改。金兵北退之后，又有人提出追究蔡京的责任，不过没等宋钦宗下达斩首令，蔡京就在流放的途中死去（1126 年 7 月），其子孙也都被贬到边远地区，终身不得减刑流动。

童贯，本是一个宦官，跟随在皇帝身边，把皇帝侍候好才是他的本职，可他却野心勃勃，以宦官之身，在宋廷执掌兵权二十多年。宋金联手灭辽，童贯是始作俑者。当年正是他自恃指挥宋军屡屡打败西夏人马，就不知天高地厚地想收复燕云，从而把赵良嗣（当时名叫马植）带回汴京，促使宋与金达成了联手灭辽的"海上之盟"。如果说童贯的宋金联手灭辽之策，是为了收复燕云，还可以原谅

的话，那么在宋金战争爆发后，童贯作为宋军的最高军事指挥官，不督军与金对战，反而主张与金妥协，从而扰乱了君心、动摇了军心、伤透了民心，是北宋灭亡的最魁祸首。宋钦宗赵桓即位后，童贯与蔡京一样，受到了追究，职务一贬再贬，流放地一改再改。金兵北退后，宋钦宗下令，将童贯处死在流放地（1126 年 7 月）。

赵良嗣，本是辽人，因生活作风有问题而被时人所不齿，由此对社会产生不满，竟然向宋献上联金灭辽之策，之后又作为宋方的主要代表，往来于宋金之间，最终促使双方达成"海上之盟"。当时宋廷对金人的了解和政策，也多出自他口。当金兵攻陷辽上京时，赵良嗣竟然赋诗以讨金主阿骨打的欢心，全然不知自己是在与狼为伍。当金灭辽，燕云落入金人手里后，赵良嗣的宋联金灭辽收复燕云的计策也彻底失败，由此被宋廷抛弃。他自知命悬一线，就逃到柳州躲了起来。金兵北退后，有人提出应追究赵良嗣的罪责，宋钦宗遂下令，将赵良嗣处死在柳州（1126 年 7 月），其妻子儿女流放到边远地区。

在童贯和赵良嗣被处死不久，宋金关系也再度发生了变化。宋与金议和时，除答应割让太原、中山、河间三镇外，还要赔偿一定数量的战争费用，而这些费用在金兵北退时，并没有如数付完，因此金兵在北退途中，也在不断地派人追要这些赔款。

有一次金使到达汴京后，宋廷不但没有及时交付所欠费用，而且还把金副使扣下。而这个金副使恰恰又是一个多事的家伙，借机骗宋臣说，辽降将耶律余睹（即天祚帝文妃萧瑟瑟的三妹夫，在萧瑟瑟被杀害后，投降金国，成为金灭辽的先锋）手中掌握着一定数量的契丹兵马，对金国不忠，宋廷应该结纳他，使其投降宋廷，这样宋廷就不愁打不败金兵。

在场的宋臣，也是一些糊涂蛋，对敌方传递的信息，未加核实，

便轻易地相信了。于是就写了一封劝降耶律余睹的信，用蜡封好，让金使萧仲恭（投降金国的契丹人）带给耶律余睹。

不料，萧仲恭回国后，便把这封书信交给了金太宗完颜吴乞买。完颜吴乞买不禁大怒，召开会议，商讨再次挥军南下攻宋事宜（1126年7月）。

与此同时，宋廷与大石联系抗金的事情，也被金廷得知。原来，大石在镇州地区开展抗金复国的活动，被宋府州（今陕西省府谷县）元帅折可求得知，便给宋廷上了一道奏折，说大石有联系宋廷一起抗金的愿望，请求朝廷考虑。宋臣吴敏建议宋钦宗给大石致书，联系共同抗金事宜。至于宋钦宗是否致书给大石，双方联系如何则不得而知。不过，这件事情却被金廷得知（或是宋钦宗派往镇州给大石送书信的人被金兵抓获），金太宗完颜吴乞买立即下令金兵南下攻宋，并很快攻陷太原府（1126年9月）。

这下，宋廷君臣又慌乱起来，议和之声又起，把主张抗金的大臣李纲贬出汴京，同时派人前往金营议和。

此时的主动权已经完全掌握在金人手中，一边应付着议和一边迅速进军，并把第二次到金营议和的宋钦宗赵桓扣下，随即攻陷汴京（1127年正月）。

金主完颜吴乞买下诏，将宋钦宗、宋徽宗父子贬为庶民，与皇室成员一起到金营作人质，至此北宋灭亡（1127年2月）。

北宋自宋太祖赵匡胤开国（960年）至被金亡，存世167年，传9帝。

北宋灭亡后，宋徽宗第九子康王赵构在宋南京（今河南商丘市）称帝，建立南宋政权（1127年5月），举起抗金大旗，开始组织抗金。南宋的抗金行动，引起了远在西北的大石的注意。

大石在招兵买马、积蓄力量、待时而动的同时，也在不断地

四处活动，扩大抗金统一战线。由于耶律大石知道北宋与金订有"海上之盟"，并曾出兵攻打过辽南京，因此对联北宋抗金并没抱什么希望，似乎也没有派人与北宋联系。南宋政权的抗金行动，才引起他的注意，如果能够与南宋结成抗金联盟，那么对自己复国肯定是有利的。因此开始派人与南宋联络。但由于双方之间隔着金和西夏，联系起来很困难，一直到南宋政权建立的第三年（1129年），双方的联络才有音讯。这一年，大石派往南宋联络的信使团，走到西夏时被扣留，有一名汉人信使幸运地逃脱，跑到宋营说明来意，被宋将张浚（南宋抗金名将）得知，将大石联宋抗金的消息上报给了南宋朝廷。至于南宋朝廷对此是什么态度，则不得而知。

不过，南宋的抗金行动，还是给了大石很大的信心，就在同一年（1129年），他率领人马进行了一次东征，并攻取了金北部两营。金泰州（今黑龙江省泰来县境内）守将立即将这一情况上报给金廷，并请示是否征剿大石（此情况由金泰州守将上报，说明大石这次东征已兵至金泰州或其境内）。

由于当时金兵正在与南宋军队激战，因此金太宗完颜吴乞买没有同意立即发兵征剿大石，而是命令泰州守将派人侦察情况，等待下一步命令。第二年（1130年），金与南宋战争出现缓和，金太宗吴乞买才开始下令出兵进剿大石。

其实，由于大石曾经在辽泰、祥两州当过刺史，与金人打过交道，在北辽担任军师期间，曾多次率北辽军队打败过宋军，威名远扬，又曾被俘在金营中生活一段时间，与金统兵将领有过接触，在金兵中有一定的影响，因此，当初大石率军出走西北时，就已经引起了金兵的注意。当时围剿夹山的金兵将领把大石率兵出走的事情，及时上报给了金太宗吴乞买，并建议派兵追击。吴乞买鉴于天祚帝还没有抓住、金与宋就燕云归附问题也没有最后敲定，

因此没有同意前线将领的意见，只是下令等待追击的命令，密切注意大石的动向。第二年（1125年），大石与西夏联络抗金的事情又被金兵得知，并上报给金廷，金太宗吴乞买或许觉得征讨大石的时机尚不成熟，仍没有下追剿的命令，只是要求继续密切注意大石的动向。接下来，金兵南下灭宋，更没有多余兵力追剿大石了。大石与南宋联系并率军东征，促使金太宗完颜吴乞买不得不下决心追剿大石，而此时大石已经在西北蓄势六年，人马发展到十万余众。

5. 西域建国

由于金对西北地形不熟，因此派辽降将耶律余睹（天祚帝文妃萧瑟瑟妹夫）统领二万大军前往西北进剿大石（1130年）。关于这次进剿的过程和结果，众说不一。一说耶律余睹率军到达沙漠边缘（镇州南面是一片大沙漠，是燕云进入镇州的必经之路），没敢贸然行进，而是把自己的妻子留在那里，以迷惑辽兵（即造成金兵没有退的假象），就"知难而退"了；一说金兵进至西北地区，大石与之交战，不敌金兵而向西撤退。从大石在金兵进剿后便西进来看，双方还是有所交战的，通过交战，大石意识到自己的力量还不足以与金兵对抗，因此才寻求向西发展，以图进一步扩大势力。

大石向西发展，不一定是受到金兵进剿后的盲目或被迫行动，有可能是经过深思熟虑才做出的决定。他在镇州六年期间，在招兵买马、扩充力量的同时，肯定也在考虑今后的出路问题，并且做了一些尝试。就镇州的地理位置而言，向北发展，固然有空间，但是要远离故土，很难把握复国的机会；向东发展则避免不了要

与金兵作战（大石东征有可能就是一次向东发展的尝试）；向南复国时机尚不成熟；原地蓄势也不现实，因为金兵早晚会来进剿镇州；相比之下，向西发展则比较稳妥。

西面就是西域，指玉门关、阳关以西地区，自古就是北方草原诸部族逃生的"绿色通道"。早在匈奴汗国灭亡时，就有一部匈奴人西迁寻求生路；突厥汗国灭亡后，突厥人也是西迁寻求生路的；回鹘汗国灭亡后，回鹘人又是西迁寻求生路。

世代生活在北方草原（以鄂尔浑河流域为中心）上的诸部族，在民族危亡时刻选择西迁寻求生路，显然是受丝绸之路和地理环境的影响。自西汉开通丝绸之路后，西域诸国和诸部族逐渐被中原政权（以黄河流域为中心）和北方游牧政权（以鄂尔浑河流域为中心）所了解，人们知道在西边存在着诸多的国家和部族。而生活在北方草原上的诸部族，向东迁徙受大海阻隔；向北迁徙是荒无人烟的草原和沙漠，前途未卜；南边是强大的中原政权；也只有向西迁徙才有出路。或许当时诸部族向西迁徙并没有一定的目的地，只是知道西边有一条丝绸之路可走，可以通向西边的诸多国家和部族。

大石也不例外，经过深思熟虑，也选择了向西发展。但大石西行是有目的地的，那就是大食国。

当年辽太祖西征时（924年），不仅征服西鄙诸国，而且还开

通了一条草原丝绸之路，使契丹国家与西域诸国有了密切的联系，有些西域国家还被纳入辽属国，不定时地向辽廷纳贡（实是经济贸易）。在与辽有联系的西域诸国中就有一个大食国，在辽太祖朝开始向契丹进贡（实是经济贸易），到了辽圣宗朝双方关系更加密切。大食国王于开泰九年（1020年）遣使向辽廷请婚，第二年（1021年）再次向辽廷请婚。辽圣宗封王子班郎君胡思里之女可老为公主下嫁，双方结为舅甥之国。

中国历史上曾经有过一个大食国，主要是指唐朝时的大食国，首都在报达（今巴格达）。而与辽朝有联系并向辽廷请婚的大食国，并非此大食国，而是喀喇汗王朝。

喀喇汗王朝是由西迁的回鹘人与当地的突厥人建立的一个信仰伊斯兰教的王朝，宋朝及敦煌文献中亦称大食、大石、黑衣大食、黑衣大石、西大食、西大石等。最早的根据地在帕米尔高原一带，与疏勒国（今新疆喀什市）为邻，后定都八剌沙衮（今吉尔吉斯斯坦托克玛克东），逐渐兼并于阗、疏勒等西域诸小国，成为西域最强大的国家，被称为喀喇汗王朝或黑汗、黑韩。后来分裂为东西二汗，东喀喇汗国首都仍在八剌沙衮，与高昌回鹘和辽西部接壤。

大石西行去大食国（喀喇汗王朝）的目的，显然是想利用辽王朝与大食国的联姻关系，借大食国之力来复国。有《辽史》研究者甚至认为，耶律大石的名字"大石"，便与大石或大食国名有关。

1130年，即金兵进剿镇州可敦城的同一年，大石以青牛白马祭天地、祖宗，然后率领五万人马开始西行。大石率西征大军翻过金山进入翼只水（今额尔齐斯河）和也迷里河（今额敏河）流域，在叶密立（今新疆额敏县）修建了一座城池，就地扩充兵马，修整部队。经过一段时间的修整后，大石率部队继续西行。为了避免与高昌回鹘发生冲突，大石临行时派人持自己的书信，前往高昌回鹘王国都城高昌（今新疆吐鲁番市）觐见国王毕勒哥，叙述了当年辽太祖西征时与高昌回鹘的友情，说明自己此行是借路去大食国。

信的大致内容如下：昔日我太祖皇帝（耶律阿保机）北征（实是西征），路过卜古罕城（即古回鹘城）时，曾派人至甘州（今甘肃省张掖市，时为甘州回鹘都城），对你祖乌母主可汗说"你思念故国吗？朕即刻为你复国；你不回去，朕就占有了。这件事由朕说了算，但也看你怎么想了"。你祖接到信后，马上回信致谢，表示迁国于此，已经十多世，军民皆安土重迁，不能返回去了。由此可见我们两国友好，并非一日两日了。现在我想借道你国西行去大食国，希望不要有什么疑虑。

高昌回鹘王国是由西迁的回鹘人所建。回鹘汗国被黠戛斯灭亡后，回鹘人大举西迁，在西迁的过程中，相继建立了甘州回鹘、高昌回鹘和大食国（即喀喇汗王朝）等政权。当年（924年）辽太祖西征时，在征服西鄙诸部的同时，也迫使甘州回鹘和高昌回鹘臣服，成为契丹的属国。

大石这封信可谓是软硬兼施，明是叙述契丹与回鹘的友情，实是在说回鹘曾是契丹附庸，现在我问你借路，如果你不借给我，我照样打败你。

高昌回鹘国王毕勒哥是一个识时务者，或许是迫于大石的压力，或许是认为与一个过路的军队打仗不划算。于是就痛快地答应借路给大石，并把大石等将领迎进城中，热情地招待了一番，献马六百匹、骆驼一百峰、羊三千只。为了进一步表示诚意，还表示愿意把子孙送入大石军中为质，自己甘为附庸。然后，大宴

三日，亲自把大石护送出境。

大石与高昌回鹘的"火热关系"，在当地引起了极大反响，就连负责追剿耶律大石的金将耶律余睹也得到了这一消息。他上书金廷说，耶律大石到了高昌回鹘，那里紧邻西夏，如果他在高昌借兵再与西夏联合，那情况就危险了，应该派使到高昌，让他们把耶律大石交出来。

从耶律余睹这番话来看，他率兵进剿镇州时，有可能与耶律大石有过交战，并给了大石很大的压力，迫使其向西发展另寻出路。耶律余睹由于率军进剿镇州可敦城，与大石的留守部队作战，抽不出兵力来追击大石，于是便派人跟踪在后，时刻掌握着大石的去向。

大石离开高昌回鹘后，一路西进很是顺利，途中又征服了一些部族，行进到喀什噶尔（今新疆喀什市）时，才遇到东喀喇汗国的军队。双方击战一场，大石大败，只好退回到高昌回鹘境内。

不料，此时的高昌回鹘国王毕勒哥已经变了卦，正整军以待。原来，耶律余睹将大石到了高昌回鹘并受到热烈欢迎的情况上报

金廷后，金太宗吴乞买也不敢轻视，便派人到西夏核实情况（因西夏与高昌回鹘为邻）。西夏谎称自己并不知道这一情况，也不知道大石的去向，暗中却把金人打听大石的事情通知了高昌国。高昌国王毕勒哥早就听说过女真人崛起，灭亡了大辽国的事情，害怕惹火烧身，立即派人去打探大石的情况，得知其吃了败仗后，便翻脸不认人，准备截杀大石溃军。

大石率军大败而归，士气低落，自然不是高昌军的对手，只好败回叶密立，第一次西征以失败而告终。

大石总结西行失败的教训，没有再立即组织西征，而是以叶密立为中心，不断向四周拓展，扩大了根据地，部众也增至四万户，二十余万人，实力比西行时增加数倍。而此时的大石或许是受高昌回鹘王国和甘州回鹘王国的启示（即这两个王国都是回鹘汗国灭亡后，回鹘人在西迁过程中建立的政权），开始考虑正式建立政权的问题。

这也是一个现实的问题。辽王朝已经灭亡，契丹人心涣散，如果大石仍以一名王爷身份来领导抗金复国大业的话，号召力和影响力显然是有局限的。因为契丹王爷不止一个，任何一个王爷都可以振臂一呼，组织一帮人，拉起一个队伍。如果建国称帝，就意味着契丹族又建立了一个新的国家政权，抑或是大辽国复生，就会把各地的契丹人团结起来，凝聚人心，同时，也可以把被征服的诸部族统治在政权之下。

有了这种想法后，大石经过充分的准备，于1132年2月5日，在叶密立登基称帝，上"汗"号为"葛儿汗"，也称"菊儿汗"，意为"众汗之汗"，即王中王，亦即是皇帝，建年号为"延庆元年"。同时，为了不忘故国，按照中原习惯还上了一个汉式尊号"天祐皇帝"，追谥祖父为嗣元皇帝，祖母为宣义皇后，册元妃萧氏为昭德皇后，西辽政权正式建立。

同时，大石也没有忘记跟随他一起西征的诸将，对他们说道："我与你们西行几万里，跋山涉水，穿越沙漠，克服了诸多困难。赖祖宗之福，你们大力拥戴，我才登上大位。你们的祖父、父亲也都应当受到追封，共同享受富贵。"然后，封赏了以萧斡里剌为首的49名勋将的家族。

大石称帝后，又经过一段时间的准备，开始率队西征。在称帝之前，大石已经了解到七河地区（今哈萨克斯坦境内的巴尔喀什湖东南及伊犁河流域）居住着一定数量的契丹人，因此，把西征目标由喀什噶尔改为七河地区。但是，为了剪除高昌国这一后顾之忧，在西征前，先率军南下征服高昌。

高昌回鹘国王毕勒哥自截击大石后，也在不断地打探着大石的动向，得知大石在叶密立登基称帝的消息后，也是无可奈何。

当得知大石率领比上次更强大的军队来攻打自己后，心里更是害怕，不敢与之交战，再次举国归附。大石从大局出发，没有对高昌国用武，以报上次被截之仇，而是同意高昌国归附的要求。但为了防止毕勒哥再次言而无信，留下一支部队在高昌，以监视高昌国王的活动，然后率军返回叶密立（1132 年）。经过短暂的修整后，率军向七河地区进发。

大军刚到七河地区东缘，便有了意想不到的收获。

原来，在辽王朝灭亡后，便有大量的契丹人和突厥人西迁，先大石到达东喀喇汗国境内。东喀喇汗国把这些人收拢起来，让他们帮助自己把守东部边境。但时间不长，这些人受不了东喀喇汗国的压迫，便聚众杀向东喀喇汗国首都喀喇斡耳朵（即八剌沙衮）。东喀喇汗国派兵迎击，这些人被打败，被迫又退回到原地，正在彷徨之际，大石率军来到这里。

这些人以契丹人为多，得知一个叫"菊儿汗"（大石）的契丹皇帝率领军队来到这里，不禁大喜过望，纷纷投奔过来，部众达 16000 余户。

大石得到这些部众后，实力大增，兵力达到五万余众。但他并没有立即进攻东喀喇汗国首都喀喇斡耳朵，因为他又得到一个对他有利的消息，那就是东喀喇汗国发生了内乱。于是，将大军陈列在七河地区东境，坐观局势变化，以乘隙而入。

喀喇汗王朝虽然是由西迁的回鹘人所建，但国内民族成分非常复杂，其中就有西迁的突厥人，时称葛逻禄人。他们被回鹘人征服后，两族之间便存在着矛盾。喀喇汗王朝分为东西二汗后，这种矛盾仍然存在，并有激化的趋势。在大石西征或西征前夕，葛逻禄人开始起兵反叛，东喀喇汗国也随之发生了内乱。这种内乱至少进行了两年多年间，东喀喇汗国汗王伊卜拉欣，是一个软弱之人，面对葛逻禄人的反叛，最终无计可施，在大石的适时"参与"下，竟然举城投降了大石（这里不排除大石乘东喀喇汗国与葛逻禄人作战，处于劣势的时候，突然挥兵喀喇斡耳朵城下，威逼东喀喇汗国汗王举城投降的可能性）。

大石兵不血刃进入喀喇斡耳朵，把东喀喇汗国控制在自己手里，之后将喀喇斡耳朵改名为虎思斡耳朵（意为强有力的宫帐），定都于此，改年号延庆为康国元年（1134 年初）。从此，大石的政权也被称为"喀喇契丹"、"黑契丹"，中原史书则称其为"西辽"，意为辽朝残余势力西迁后建立的政权。

6. 流芳千古

大石定都虎思斡耳朵（今吉尔吉斯斯坦托克马克）后，开始考虑东征复国，于 1134 年 3 月，任命六院司大王萧斡里剌为兵马都元帅，率骑兵七万开始东征。

东征大军出发前，大石以青牛白马祭天地，举旗发誓，对众将士说道："我大辽自太祖、太宗艰难创业建立国家，可以后的诸位皇帝不思进取，贪图享受，不理国政，致使盗贼蜂起，国家灭亡。我率领你们远征朔漠来到这里，就是希望能够恢复故土，光复国家。这个地方并不是我们长久居住之地，我们总得回故乡去呀！"然后，又特别对元帅萧斡里剌嘱咐道："你这次东征，一定要做到赏罚分明，与士兵同甘苦，选择水草比较好的地方扎营，把敌人的情况调查清楚再进军，不要自取其败。"从这番话中不难看出，大石对东征的期望值并不是很高。

东征结果也验证了大石的担心，东征大军行程万余里，也没有见到金兵的影子，物资耗尽，牛马饿死大半，无功而返。

东征失败，使大石意识到恢复契丹辽王朝原来的统治，已没有什么希望，于是改变原来的战略，以虎思斡耳朵为中心，开疆拓土，建设和巩固自己的政权。

大石在离开夹山自立为王时，就已经初步建立了政权机构，"置北、南官署"。到了镇州可敦城后，又对政权机构进行了完善，"置官吏、立排甲、具器仗"。应该说，这个时候的大石，还只是因事置衙，临时建立起一套政权统治班子，还没有一套完整的政权机构。在叶密立登基称帝后，大石才在原来政权班子的基础上，建立了一套相对完整的政权机构。这个政权机构，虽然承袭了辽王朝的一些官制，但也不是完全的照本宣科，而是有所扬弃，因事而置。征服高昌回鹘和东喀喇汗国，定都虎思斡耳朵后，为了适应新形势(即版图面积扩大，民族成分增加，诸民族信仰不同等)，大石对政权体制进行了改革，把当地的政治体制与原来辽王朝的

政治体制融合在一起，创制了一套新的政治体制。

当时西辽的版图，大致划分为三个部分。即东部的高昌回鹘，南部的东喀喇汗国，以七河、叶密立、可敦城为中心的西部、北部和东北部。对这三部分的管理，大石采取了不同的管理方式。即东部的高昌回鹘仍由国王毕勒哥统治，南部的东喀喇汗国仍由原国王伊卜拉欣统治，西部、北部、东北部则由大石的中央政府直接统治。

在统治方式上，对高昌回鹘和东喀喇汗国采取间接统治，即中央政府派代表到这两个地区，协助这里的统治者（即可汗）处理事务（实际是监督）。所派的代表称为"沙黑纳"，汉语译为"少监"（这种间接统治，充分体现了"菊儿汗"的"众汗之汗"的本意，即大石是高昌回鹘和东喀喇汗国两可汗之上的可汗）。对西部、北部、东北部区域由中央直接统治，不再设置投下军州（投下军州是辽王朝地方建制的重要组织部分，是诸亲王、公主、国舅的私人领地，但是到了辽中后期，诸王、国舅以投下军州为资本，

拥兵自重，争权夺利，威胁皇权，在某种程度上，也是辽王朝衰弱的一个内在因素。大石或许正是考虑到这一点，因此，才没有设置投下军州），取消分封制。

很明显，在这种统治体制下，当地的土著居民并没有发生变化，只是在他们的国王（即可汗）之上又多了一个"众汗之汗"（即菊儿汗），即西辽皇帝。这种统治方式，显然既有辽王朝"因俗而治"的成分，也有"以夷治夷"的策略。当然，这种统治方式，是以强大的军队为后盾的，即派往各地的"沙黑纳"，即少监，实际上就是军队的首领。

西辽虽然定都于虎思斡耳朵，但西辽皇帝并不住在虎思斡耳朵城中，而是另有"屯营"，称"斡耳朵"，亦称虎思斡耳朵，由众多的帐幕组成，很像一座城池。它是西辽皇帝的宫廷，即政治中心，是西辽统治者的大本营，也是西辽皇帝直接统领的契丹及诸部族军队的驻地。

西辽政治中心"斡耳朵"，与辽王朝的"斡鲁朵"不同。辽王朝在"斡鲁朵"之外另有"捺钵"，同时还有五京，而西辽直接以"斡耳朵"为朝廷。

西辽的赋税也是非常轻的，这样一方面可以最大限度地打消当地土著居民的反抗情绪，有利于西辽的统治；另一方面也可以最大限度地调动民众的生产积极性，从而促进了西辽经济发展和社会的进步。这或许也是西辽能够统治西域近百年的一个很重要的原因吧！

大石又经过三年的建设蓄势，开始西征西喀喇汗国（1137年）。大军一路顺利西征进入费尔干地区（今乌兹别克斯坦费尔干纳盆地），先在忽毡城下（今塔吉克斯坦的苦盏）击败西喀喇汗国军队，然后又在卡特万草原打败西喀喇汗国和塞尔柱帝国联军（1141年

9月），将西喀喇汗王国划入西辽版图，随后又征服花剌子模。

至此，西辽的疆域基本固定下来。北至阿尔泰山、巴尔喀什湖一线；西达咸海，统有花剌子模；东到今新疆中部，领有别失八里，东南抵和阗；南以喀喇昆仑山脉和阿姆河中、上游为界与塞尔柱王朝所属的呼儿珊（今伊朗北部霍剌散）和吐蕃等接壤，成为整个中亚最强大的王国。

卡特万战役是中亚细亚战争史上罕见的战役，对中亚细亚甚至整个欧亚大陆的历史都产生了重大的影响。大石则凭此战，奠定了西辽在中亚的霸主地位，威震中亚细亚。不仅如此，"契丹"之名也由此远播四方，甚至传到了欧洲，在相当长的一段时间内，俄罗斯人就是用"契丹"来称呼中国的。

公元 1143 年，即卡特万战役两年后，大石因病去世，终年 57 岁，被追谥为德宗。因其子耶律夷列年幼，由大石妻萧塔不烟摄政，号"感天皇后"，在位 7 年，传子耶律夷列。

公元 1150 年，耶律夷列即位，在位 13 年去世。因其子年幼，由耶律夷列之妹耶律普速完摄政，号"承天太后"。耶律普速完统治期间，西辽发生内讧，国势开始衰弱。

公元 1178 年，耶律普速完被政敌所杀，在位 14 年，耶律夷列的次子耶律直鲁古即位。在位期间，不思进取，作威作福，加速了西辽的败落。与此同时，漠北的蒙古部落崛起，成吉思汗开始统一蒙古草原诸部落。蒙古乃蛮部太阳汗之子屈出律逃往西辽避难，并成为西辽皇帝耶律直鲁古的女婿。

公元 1211 年，屈出律取代耶律直鲁古，窃取西辽帝位，仍沿袭辽制，称西辽；耶律直鲁古在位 34 年，退位两年后死。

公元 1218 年，屈出律被蒙古军所杀，西辽灭亡。

西辽自大石自立为王（1124 年）至被蒙古大军灭亡，共存世

94年，传5帝。

西辽无疑是辽王朝的继续，其立国纲纪、典章制度，都是与辽王朝一脉相承的，颇有中华之风。诸如赋税办法就是仿效契丹和汉族的税法及户税制；宫廷和官府使用契丹文及汉文，钱币上也都铸印汉文年号等。西辽还将汉文化传播到西方，对中国历史乃至世界历史都产生了重大影响。当时西亚和东欧人都认为契丹人就是中国人，把中国称为契丹，这些无疑是受西辽的影响，是大石对中国历史和世界历史的重大贡献。

Q2 DAN HOU Y2

第七章

契丹后裔

辽起朔野，兵甲之盛，席卷河朔，树晋植汉，何其壮欤？太祖、太宗乘百战之势，辑新造之邦，英谋睿略，可谓远矣。圣宗以来，内修政治，外拓疆宇。既而申固邻好，四境乂安。维持二百余年之基。降臻天祚，崇信奸回，自椓国本，群下离心，驯致土崩瓦解，不可复支，良可哀也！

《辽史》

1．西迁北走

契丹辽王朝灭亡后，契丹族称也逐渐消亡。那么，数百万契丹人哪里去了呢？

纵观我国北方少数民族历史，有一个共同的规律，就是在民族危亡之际，大多选择迁徙（实是逃亡）来寻求生路。在迁徙目标的选择上，大多选择河西走廊这一"绿色通道"。匈奴民族如此，突厥民族如此，回鹘民族亦如此，契丹民族自然也不例外。

在契丹辽王朝灭亡之际，部分契丹人西走入西夏，部分契丹人西迁进入中亚地区，与原来迁徙到这里的匈奴人（不再使用匈奴族称）、突厥人、回鹘人等杂居在一起，后来成为耶律大石所建立的西辽政权属民。西辽政权灭亡后，一些契丹人留居原地完全伊斯兰化，一些契丹人又在今伊朗克尔曼省建立了一个起儿漫王朝，俗称后西辽、西契丹，前后延续达八十余年。随着时间的推移，这部分契丹人也完全伊斯兰化。

在契丹辽王朝灭亡之际，有一些契丹人北走大漠，融入阻卜（蒙古先部）等北方诸民族。还有一些契丹人进入大兴安岭山脉，后又进入嫩江流域，发展为今天的达斡尔族。

通过现代的 DNA 技术检测，达斡尔族与契丹族有最近的遗传关系，确定是契丹人的后裔。据说达斡尔族的祖先是一个叫库烈儿（一名萨吉尔迪汉，为辽廷守北疆的部族首领）的契丹首领。契丹辽王朝灭亡后，他不肯归附金廷，便率领一部分契丹人北迁到根河流域。由于当时金廷把注意力转移到中原，这部分契丹人得以以相对完整的群体生存下来，发展为至今与契丹人生活、生产（狩猎）、婚姻（同姓不同婚）、宗教信仰（萨满教）、语系（阿尔泰系蒙古语系）、丧葬等习俗最接近的、人数最多的群体——达斡尔族。

在契丹辽王朝灭亡之际，居住于赤峰和河北北部的一些契丹人，迁徙到今俄罗斯和乌克兰的钦察草原上，逐渐发展成为波洛伏齐人。

2. 客居他乡

蒙古民族崛起后，一方面一些不食金粟的契丹人参加蒙古军队，

帮助其一起灭亡金朝，以报亡国之仇；一方面蒙古大军远征时，常常征调契丹人马随征。由此一些契丹人在随蒙古大军远征过程中客居他乡。这其中，以进入欧洲和云南地区的契丹人最具有影响力。

成吉思汗率蒙古大军横扫欧亚，一些随蒙古大军远征的契丹人或在战争过程中或在战争结束后，因种种原因而留在了欧洲大陆，后融入本地民族。成吉思汗的孙子拔都西征建立钦察汗国后，从今赤峰和河北北部又强迁大批的库莫奚和契丹人到钦察草原，以充实国力，这部分库莫奚人和契丹人被欧洲人称为库曼人（库莫奚人的译音）。钦察汗国灭亡后，库曼人（包括先期来到这里的契丹人和库莫奚人，即波洛伏齐人）融入俄罗斯族之中，为俄罗斯民族的发展做出了积极的贡献，同时也留下了深远的影响。据说现今莫斯科市内还有一条叫"契丹"的街道，莫斯科东诺夫哥罗德还有一个区叫"契丹区"；一些欧洲人甚至把中国称为契丹，今天俄语"中国"一词的读音就是"契丹"。

根据现代 DNA 技术检测，云南保山施甸一带的阿、莽、蒋等姓"本人"与达斡尔人有着亲缘关系，也属于契丹人的后裔，人数达 15 万之众。据说这部分"本人"是契丹人在随蒙古大军远征的过程中留居云南地区的，并以相对独立的族群生存下来，但不再使用契丹族称，分属于汉、彝、卡佤、布朗等十多个民族，契丹人传统习俗已经淡化。

3. 抗金复国

契丹辽王朝灭亡后，西迁北走的契丹人只是数百万契丹人中的一小部分，契丹族主体则留居原地成为金国属民。由于金人对契丹人的压迫非常残酷，因此契丹人自亡国时起就没有停止过反抗金人压迫的斗争，有的甚至试图推翻金人政权复国。这其中以移剌窝斡和耶律留哥为代表人物。

金正隆五年（1160年），金廷征调西北路契丹壮丁南下攻打南宋，引起契丹人的不满，契丹人耶律撒八借机组织起义抗金，起义队伍迅速扩大，数日内便攻陷了数座城池。

金廷不断派兵进行征剿，耶律撒八率众打败金兵的多次进剿后，为长久计，决定率众西行投奔耶律大石的西辽政权。对此起义军内部发生分歧，大将移剌（耶律）窝斡借机杀死耶律撒八，自封元帅，率众南下占据新罗寨（今巴林左旗林东镇即辽上京城南），准备待机攻打临潢府（即辽上京城）。

金廷发大军进行进剿，窝斡率众击退金兵多次进剿后，在新罗寨自封皇帝，建元天正（1161年），建立了"契丹政权"。由此声势大振，起义军队伍不断扩大。稍事休整后，窝斡率5万余众西进，一举包围了临潢府。

与此同时，金廷皇位发生更迭，金世宗完颜雍杀死海陵王完颜亮夺取皇权，派大军全力进剿契丹起义军。窝斡久攻临潢府不下，

见金兵来援，于是撤围而去。此后在与金兵转战过程中，相继攻打了泰州（今吉林白城市境内）、济州（今吉林农安县境内）、懿州（今辽宁彰武县境内）、川州（今辽宁北票市境内）等州城。在花道（今赤峰西南部）

遭遇金兵主力（1162年），小胜金兵后，窝斡率军越过袅岭（今赤峰与河北承德交界茅荆坝）进至陷泉（今承德市隆化县境内），被金兵追上包围，双方大战一场，契丹8万人马全军覆灭。

窝斡带领少数人马冲出重围，收集1万余散众联合奚族人继续与金兵转战于古北口外，一度攻破古北口威胁金中都（今北京市）。金廷一面加强古北口等关隘防御，一面派兵进剿。窝斡在金重兵围剿下，准备北入沙漠继续组织抗金，结果没等成行，因叛徒出卖被俘，不久被金廷处死（1162年）。起义军余部继续坚持斗争，直到金大定四年（1164年）才被最后镇压下去。

移剌窝斡起义是契丹辽王朝灭亡后，契丹人最大规模的一次反金复国斗争，历时近5年，几乎波及契丹辽王朝原来所辖全部区域。起义军以契丹和奚族人为主，最多时达十数万众，虽然最终以失败而告终，但却是契丹人反金复国的一次大胆实践，对金王朝的历史进程产生了深远的影响。一方面，这次起义加深了契丹人、奚族人与金人之间的矛盾；一方面，这次起义促使金廷对契丹人和奚族人不再信任，契丹人、奚族人在金朝政坛发挥的作用越来越小。这一切导致蒙古崛起后，契丹人和奚人投向蒙古，成为蒙古灭亡金王朝的急先锋，加速了金王朝的灭亡。

耶律留哥（1165—1220年），祖居临潢（今赤峰市巴林左旗），契丹贵族，其祖在辽朝末年为辽东京（今辽宁省辽阳市）守将，契丹辽王朝灭亡后降金。金朝末年，耶律留哥为金北边千户长，金廷为了防止契丹人叛金投蒙，下令凡是有契丹人居住的地方，由二户女真夹一户契丹加以监视，从而引起契丹人的不满。耶律留哥借机在韩州（今辽宁省开原北昌图八面城）、隆安（今吉林省农安县）一带率众起义（1212年），打败金兵多次进剿，数月间聚集十余万人，被众人推为都元帅。

当时辽东地区有金兵数十万众，耶律留哥为了抗击金兵进剿决定联蒙抗金。时值成吉思汗派大将安陈那衍攻掠辽东，耶律留

哥遂与安陈那衍在咸平北金山（今辽宁省开原北昌图县金山堡）杀白马、白牛、登高折箭盟誓，正式归附成吉思汗。随后耶律留哥在蒙古军的配合下，在迪吉脑儿（今辽宁省开原北昌图县四面城）打败 60 万金兵进剿（1213 年），被众人推举为辽王，定国号为辽，建元元统，史称东辽国，为蒙古藩属国（1213 年）。

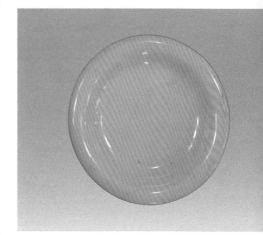

耶律留哥称王后在归仁县（今辽宁省开原北昌图县境内）北细河又打败 40 万金兵进剿（1214 年），进取辽东诸州郡，遂定都咸平（今辽宁开原），号为中京（1214 年）。随后又打败前来进剿的 10 万金兵，东辽国势更盛，势力达到临潢府(辽上京)。

金贞祐三年（1215 年），金镇守辽东大将蒲鲜万奴据东京（今辽宁省辽阳市）叛金自立，攻取了东辽国中京，打败东辽军队，耶律留哥率部北走。蒲鲜万奴攻取东辽中京后，建国东夏（亦称大真国），改元天泰，自称天王，分兵四处征伐扩张地盘，耶律留哥则趁机回军袭取东夏国东京（今辽宁省辽阳市），控制了辽东地区。

耶律留哥攻取东京后，部下再次劝其摆脱蒙古，建立独立契丹国家。耶律留哥仍然不同意，先是以病不出，后又携带自己的儿子薛阇北上觐见成吉思汗，以表臣服蒙古之诚意。成吉思汗非常高兴，封耶律留哥仍为辽王，赐金虎符，命其驻守中京（今辽宁省开原市）。为了控制东辽国，成吉思汗派 300 蒙古兵前往辽东协助耶律留哥作战（实为监视），命东辽国送 3000 契丹人马来蒙古大汗行营以为人质。

耶律留哥部将耶律厮不（一说为耶律留哥弟弟）本来就不同意耶律留哥归附蒙古，曾多次劝耶律留哥脱离蒙古建立独立契丹国家，见成吉思汗命东辽国送 3000 人马为质，于是联络有关人员诈称辽王耶律留哥已死，杀死前来辽东监视东辽国的 300 名蒙古兵及有关人员，在澄州（今辽宁省海城县）自立为帝，改元天威，国号辽（1216 年），史称"后辽国"，亦称"大辽收国"。

　　成吉思汗得知耶律厮不等叛乱夺权后，命耶律留哥回广宁府（今辽宁省北镇市），待机再取辽东。

　　耶律厮不担任 70 余天的后辽国皇帝便被部下所杀，后辽国丞相耶律乞奴监国，改年号为天祐。耶律留哥乘机率数千蒙古军进入辽东平定叛乱，乞奴不敌耶律留哥逃奔高丽，被部下金山所杀，金山自称辽东王，国号仍为"后辽国"，改元天德（1216 年）。一年后，金山被部将耶律统古与所杀，统古与自立后辽国王（1218年），不久被部下耶律喊舍所杀，喊舍自立为后辽国王。在耶律留哥追剿下，喊舍自杀，后辽国灭亡。耶律留哥受成吉思汗之命迁辽东数万契丹民众于辽上京西楼，不久病逝，终年 56 岁（1220 年）。

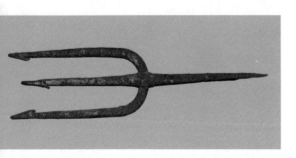

　　耶律留哥病逝后，其妻姚里氏摄辽王权统治辽东 7 年，

由耶律留哥长子薛阇袭辽王爵（1227 年）。此时蒙古政权已经巩固了辽东地区的统治，成吉思汗遂决定撤销辽王藩号，薛阇的辽王号只是徒有虚名而无实权，辽东地区完全归附蒙古版籍。

耶律留哥起义反金延续 15 年之久（1212—1227 年），期间建元称辽王，建立东辽国。虽然没能实现复国梦想，但也改变了东北地区的局势，加速了金王朝的灭亡，为蒙元王朝的建立起到了不容低估的重要作用。

4．耶律楚材佐蒙

金王朝灭亡契丹辽王朝后，维系了 120 余年统治被蒙古灭亡。期间一些契丹贵族先归降金王朝，后又归降蒙古政权，为新生王朝建立和建设做出了巨大的贡献，其中尤以耶律楚材为代表人物。

耶律楚材（1190—1244 年），辽太祖阿保机九世孙，东丹国王耶律倍八世孙，耶律娄国七世孙。耶律娄国是东丹王耶律倍次子、

辽世宗耶律阮二弟。当年（951 年）耶律察割叛乱杀害辽世宗，耶律娄国率军平叛，手刃叛首察割为兄报仇。辽穆宗即位后，耶律娄国以平乱功出任南京留守、政事令。他见辽穆宗嗜酒怠政，便联络有关人员图谋皇位，结果事败被诛（952 年）。不过，耶律娄国虽然因谋反被杀，其子孙们的仕途却没有受到太大的影响。十几年后辽景宗即位（969 年），耶律娄国子孙得到重用世为显官，辽朝灭亡后，耶律楚材祖父辈入金廷仍为显官。

耶律楚材父亲耶律履在金廷官至尚书右丞，仕金世宗、金章宗两朝，尤其受到金世宗赏识，以正直、忠诚闻名于当时。耶律楚材出生于燕京（今北京市），3 岁时父亲耶律履病逝，他随母亲定居义州（今辽宁省义县），12 岁时入医巫闾山显州书院读书。

医巫闾山是耶律倍家族世居领地，耶律倍是契丹建国初期契丹上层社会中崇尚汉文化的代表人物。担任东丹国王后，曾在中原购书万卷，藏于医巫闾山中，建立了辽王朝第一座图书馆。其子孙们（包括辽世宗及辽景宗之后诸帝）秉承他的这一传统，以医巫闾山为读书学习园地，世代崇尚汉学，形成了读书知礼的家风。耶律楚材秉承家族传统，在医巫闾山用心苦读，终于学有所成，年纪轻轻便"博及群书，旁通天文、地理、律历、术数及释老医卜之说，下笔为文，若宿构著"，出仕后辗转为金燕京左右司员外郎。

成吉思汗攻取燕京（1215年），得知耶律楚材才华横溢、满腹经纶，遂派人把他招到身边，对他说道："辽与金世仇，我替你报仇。"耶律楚材却回答说："我父祖都是金朝的臣子，臣子怎敢向君王报仇！"成吉思汗被耶律楚材的忠诚所感动，将其留在身边倚为谋臣。耶律楚材早已对腐朽的金王朝失去信心，于是决定归附蒙古，辅佐成吉思汗建立新王朝。成吉思汗敬重耶律楚材的才识，不直接称呼他的名字，尊称他长髯人（耶律楚材留有长须）。

耶律楚材仕元太祖(成吉思汗)、元太宗(窝阔台)两朝30余年，为蒙元王朝的建立立下了汗马功劳。耶律楚材是促进蒙古贵族接受中原汉文化和儒家思想的第一人，为蒙古帝国（元王朝建立之前）

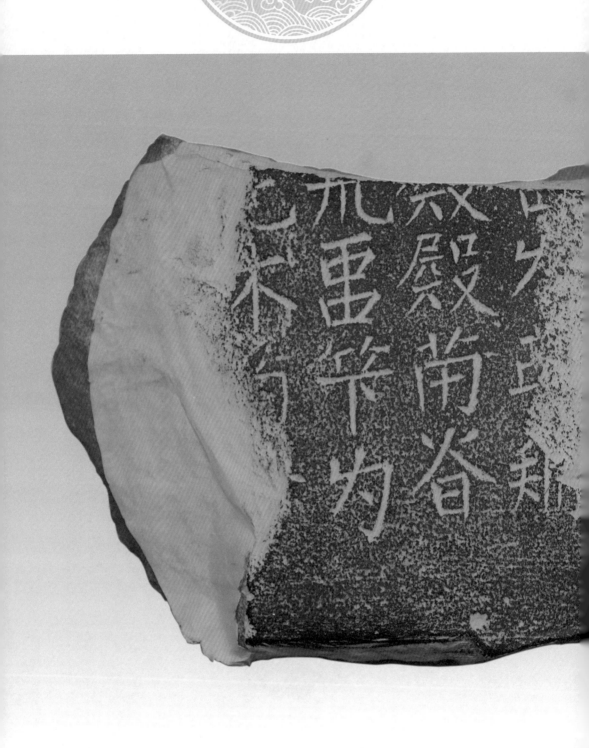

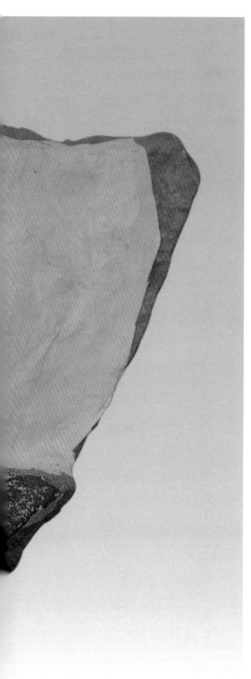

单一的游牧社会注入了汉文化元素；耶律楚材在政治、经济、教育、文化、军事等诸方面对蒙古帝国进行了全面改革，使蒙古帝国初步建立起礼仪、赋税、法律、军事、教育等先进制度；耶律楚材改变了蒙古统治者对占领区屠城的野蛮做法，避免了中原农业文明浩劫；耶律楚材大力倡导儒学，推崇孔子，建立国子学，实行开科取士，为蒙古帝国发现招揽了大量的人才，进而为忽必烈时期元王朝的建立和发展繁荣积蓄了力量；耶律楚材促进了蒙古帝国向蒙元封建王朝的过渡，为蒙元王朝的建立奠定了基础。

总之，耶律楚材是蒙古帝国初期杰出的政治家，他的一些治国思想和措施，加速了蒙古统一全国、建立中央集权政治的步伐，对蒙古和中原的历史都产生了深远而巨大的影响。在他去世 20 多年后，元世祖忽必烈建立统一多民族的元王朝（1271 年）及其相应的典章制度，便多源于耶律楚材的思想。

5. 融入中华各民族

　　契丹民族发源于西拉木伦河（辽代时称潢水、潢河）和老哈河（辽代时称土河）流域，这里是中国古代文明的发源地之一。距今 5000 至 8000 年前，"兴隆洼文化先民"、"红山文化先民"便繁衍生息在这里。由此我们说，契丹先民既是中国统一多民族国家中的成员。

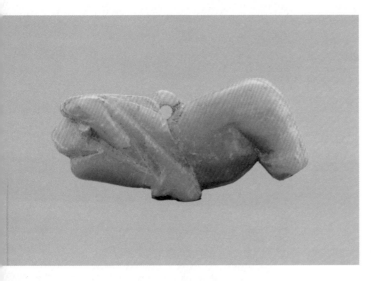

　　契丹先民为东胡、鲜卑成员、匈奴属民，而东胡、匈奴、鲜卑加入中国统一多民族国家的历史，可以上推至周、秦、两汉。因此，契丹先民加入中国统一多民族国家的时间亦应上推至此。只是由于当时契丹民族尚未形成单独的民族，不见于史籍，因此很难确定其加入中国统一多民族国家的时间表。

　　据史籍记载，契丹以单独民族加入中国统一多民族国家始于北魏。北魏太祖登国三年（388 年），契丹与库莫奚分背，以契丹族称独立登上历史舞台后，便与中原政权建立了密切的政治、经济、文化联系，向中原政权"入贡"、"互市"、"受册封"等。例如，北燕太平六年（414 年），契丹、奚首领同时被北燕政权封为归善王；北魏太延三年（437 年），契丹遣使向北魏朝献，此后契丹诸部"各以其名马文皮入献天府，遂求为常，皆得交市于和龙、密云之间，贡献不绝"。至契丹建国的 600 余年间，契丹民族一直是中国统一多民族国家的一部分。这期间，因战争、自然灾害等各种因素，一些契丹人或被俘、或主动归附，被中原政权南迁安置在河北、山东等地，逐渐融入汉民族之中。

契丹建国后，虽然实行蕃汉分治，但其国内生活着契丹、汉、渤海、女真、奚等众多民族，蕃汉同朝为官，同地而居。一些契丹人，特别是契丹贵族，与汉人通婚，使用汉语言文字、汉姓名和汉人生活习俗等。期间，一方面存在着汉人契丹化的现象；一方面也促进了契丹人的汉化。

契丹辽王朝灭亡后，除少数契丹人分投西辽、西夏、南宋外，契丹主体留居原地成为金朝属民。这其中，一些契丹贵族投靠金廷为官，被赐姓完颜氏，逐渐女真化；绝大多数契丹人沦为金人的奴隶，有的被分迁各地融入汉、女真等民族，有的为了摆脱女

真人的奴役，把耶律姓改为移剌，把萧姓改为石抹。蒙古崛起后，大量契丹人投奔了蒙古，以摆脱女真人的奴役。蒙元统治者对契丹人采取不同的策略，为了拉拢契丹上层人物，恢复了他们的耶律和萧姓，从而形成了耶律、萧、移剌、石抹四姓在蒙元统治时期并存的现象。

蒙元统治时期还加快了契丹人与其他民族的同化过程。生活于汉人聚居区域的契丹人逐渐融入汉族，生活于蒙古族聚居区域的契丹人逐渐融入蒙古族。就人数而言，融入蒙古族的契丹人数要多于融入其他民族（包括汉族）的人数。元末明初，契丹人的同化过程基本结束，契丹族称逐渐销声匿迹，作为一个民族已不存在。

在现今的中国大地上，仍然能够寻找到契丹人的信息。据有关资料介绍，吉林省梨树县的律姓、内蒙古呼和浩特市武川县的萧姓，就是萧太后的后裔。天津宝坻区有耶律各庄、陕西省西安市有一个耶柿村多数居民姓耶姓，且保留着同姓不同婚的习俗。辽宁省阜新市也发现了叶姓（即耶律）契丹后裔等等。这些村名姓氏无疑都与契丹人有着某种联系。有关研究还表明，居住于今

华北一带的汉族人中张、王、刘、赵、孙、李等姓氏里面，就有来源于契丹的人。从这一点来说，契丹族消失的只是"契丹"名号，契丹人永生在中华各民族之间。

契丹如歌，辽塔是词，辽河似曲，草原风拂过，传唱多少契丹人的故事……

后　记

　　生于辽上京故地，注定与契丹人有缘。每当看到契丹人留下的迹印，想起契丹人的故事，心里就会产生一种冲动，久而久之便有了一个心愿，应该为契丹人写点什么。

　　几年伏案下来，相继撰写出版了《契丹大帝耶律阿保机》《大漠罡风》《契丹大辽九帝》《走进千年辽上京》《辽上京契丹记忆》等作品。但每每想起契丹人对中华国家、中华民族、中华文化乃至世界文明所做出的历史性贡献，心里仍难以释怀，于是又撰写了《揭秘契丹辽王朝》系列丛书。

　　诚然，契丹人历史厚重，一部或几部书稿是难以全面记述契丹人历史的。但作为辽上京故地的人，有责任发掘和宣传契丹辽文化，让更多的人了解契丹人的故事和契丹辽王朝历史。这里毕竟是契丹辽王朝耶律氏皇族祖源地、发祥地，是契丹辽王朝200余年故都，是契丹辽文化发源地，是契丹人遗迹最密集、最丰富的地区。千年前的辽上京值得辽上京故地人自豪和骄傲，由此这里的人是不应该忘记契丹人历史的。

刘浩然大学毕业后，考入黑龙江省齐齐哈尔市文化广电新闻出版局工作，受家庭及职业影响，参与了《走进千年辽上京》及本书稿的写作。

本书在收集资料过程中，得到赤峰市各旗县区档案、文博部门的支持和帮助；内蒙古人民出版社多年来对作者作品的关注和出版方面的大力支持，给了作者坚持写作契丹辽史读物的信心和动力，在此谨致最诚挚的谢意。

在本书付梓之际，余兴作一首《契丹歌》与读者共飨。

潢水涟漪青牛欢，土河波涌白马翩；

两河知意龙庭会，木叶情动诞契丹。

追宗溯祖乃黄炎，鲜卑仙洞重涅槃；

奇首八子分八部，棋布松漠尤辽源。

隋唐相继兴中原，大贺汗府潢水边；

营州兵变八部衰，遥辇图强又百年。

群雄五代逐中原，耶律勃兴木叶山；

开国临潢都西楼，奠定辽基二百年。

挥戈北疆扫阴山，驰马西鄙戈壁滩；

海东盛国成旧事，马踏汗城建东丹。

立马草原统北疆，仿效中原书华章；

开皇殿内宴群胡，诸酋拱围天皇王。

西楼断腕择新王，汴京皇位更迭忙；

石郎许下燕云地，太行山上收儿皇。

改号大辽国势强，长城内外称辽王；

设置三京仿汉章，蕃汉兼治契丹昌。

皇孙负心自称王，扬鞭走马进汴梁；

入主晋宫百官贺，改晋为辽创辉煌。

蕃法施汉政难长，北返途中更新皇；

改革旧弊施新政，诸酋异心易睡王。

赵宋代周主中原，契丹英后掌航船；

社会改革图自强，盛世大辽享百年。

兄弟一家不计嫌，两军阵前传和言；

澶渊城下订盟约，南北共享太平年。

因俗而治官北南，并行蕃语和汉言；

唐令蕃法相兼行，胡人汉儿共家园。

五京如珠镶北疆，春水秋山四时忙；

鸭河垂钩头鱼宴，赤山纵马猎虎王。

百花盛开春草原，牛羊游弋绿草间；

驼车逐水移旧帐，胡笳伴酒合家欢。

穹庐相间版筑房，宜农宜牧天久长；

汉儿农耕胡游牧，五谷丰登肥牛羊。

学唐比宋诗百篇，南来北往报平安；

符节尘落庐帐暖，兄吟弟和把酒欢。

崇儒笃释全民虔，孔庙佛寺五京全；

一日祝发僧三千，一岁饭僧卅六万。

驼铃声碎伴胡杨，欧亚商贾丝路忙；

鸡壶菊酒马鞍醉，万国来朝拜辽皇。

十世契丹兴北疆，华夏同心谱华章；

九帝一脉享国祚，国泰民安百年昌。

树生虫病叶自黄，国滋奢腐运难长；

一朝女真东起兵，百年盛国顷刻亡。

东迁西走心彷徨，西域立国再图强；

相传五帝国百年，契丹复兴威名扬。

月满盈亏律自然，固堤防溃亦非难；

古来兴亡多少事，非是天道人使然。

契丹一去不复还，辽都日久风残垣；

辽塔随风叙旧事，辽河放歌谱新篇。

回首往事越千年，尔辈无需叹契丹；

人去迹留风犹在，其气就存你我间。

作　者

2016 年 5 月 30 日于辽上京遗址

主要参考资料

1. 脱脱等著：《辽史》

2. 叶隆礼著：《契丹国志》

3. 司马光著：《资治通鉴》

4. 毕沅著：《续资治通鉴》

5. 薛居正等著：《旧五代史》

6. 欧阳修著：《新五代史》

7. 马大正主编：《中国边疆经略史》

8. 瞿林东主编：《辽史、金史、元史研究》

9. 李锡厚著：《中国历史·辽史》

10. 李桂芝著：《辽金简史》

11. 赵云田主编：《北疆通史》

12. 谭其骧主编、张修桂、赖青寿编著：《辽史地理志汇释》

13. 谭其骧主编：《简明中国历史地图集》

14. 王善军著：《世家大族与辽代社会》

15. 沈起炜著：《五代史话》

16. 黄斌著：《大辽国史话》

17. 孟凡云、陶玉坤著：《辽代后妃参政现象考略》

18. 何天明著：《辽代政权机构史稿》

19. 李锡厚著：《临潢集》

20. 林干著：《东胡史》

21. 林干著：《中国古代北方民族通论》

22. 漆侠主编：《辽宋西夏金代通史》

23. 齐作声编著：《辽代墓志疏证》

24. 刘浦江著：《松漠之间》

25. 张晶著：《辽金元诗歌史论》

26. 李强著：《辽太祖阿保机的耶律家族》

27. 王玉亭主编：《辽上京研究论文选》

28. 《首届辽上京契丹·辽文化学术研讨会论文集》（2008.10 林东）

29. 《中韩第三届"宋辽夏金元史"国际学术研讨会论文集》（2009．8 林东）

30. 《契丹学国际学术研究会会议论文集》（2012．8 赤峰）

31. 景爱主编：《地域性辽金史研究》（第一辑）

32. 李品清主编：《阜新辽金史研究》（第五辑）

33. 余蔚著：《中国行政区划通史》（辽金卷）

34. 张久和编著：《辽夏金元史徵·辽朝卷》

35. 杨军著：《契丹开国皇后》

36. 李义、胡廷荣编著：《宋人使辽诗与行记校注考》

37. 冯永谦、孙文政主编：《辽金史论集》（第十一辑）

38. 顾宏义著：《辽宫英后》